Katze
Malbuch für Kinder

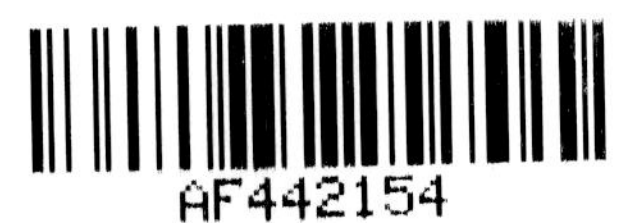

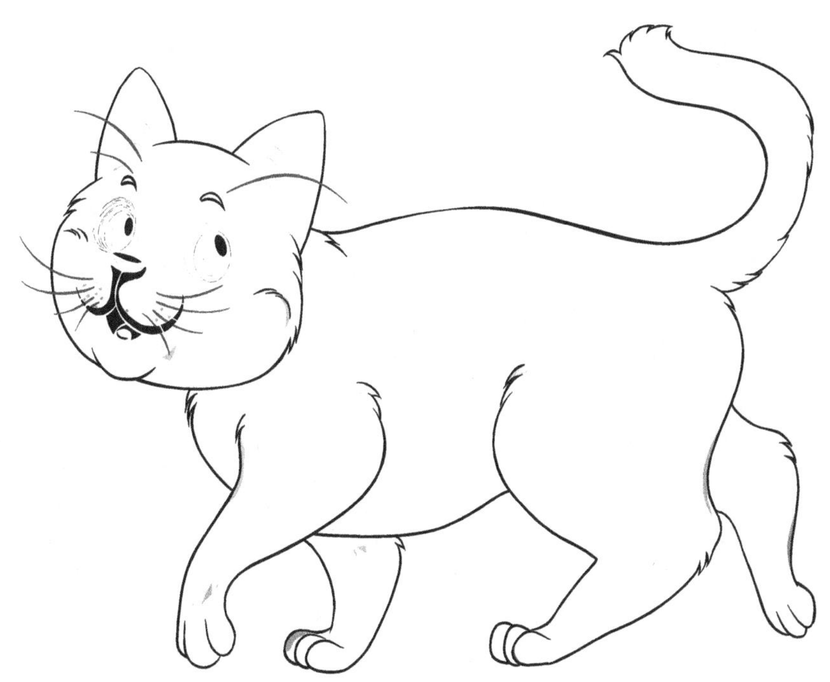

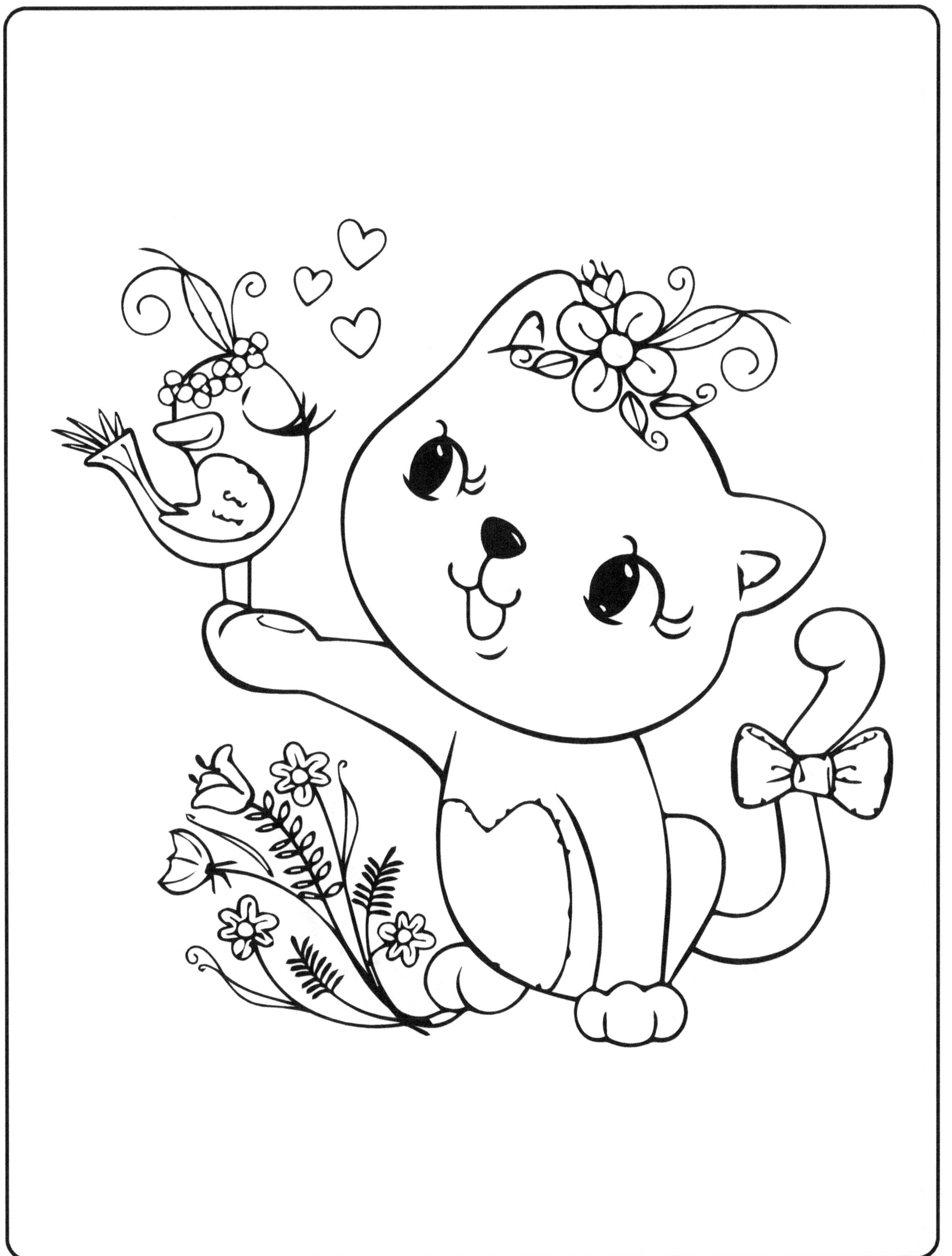

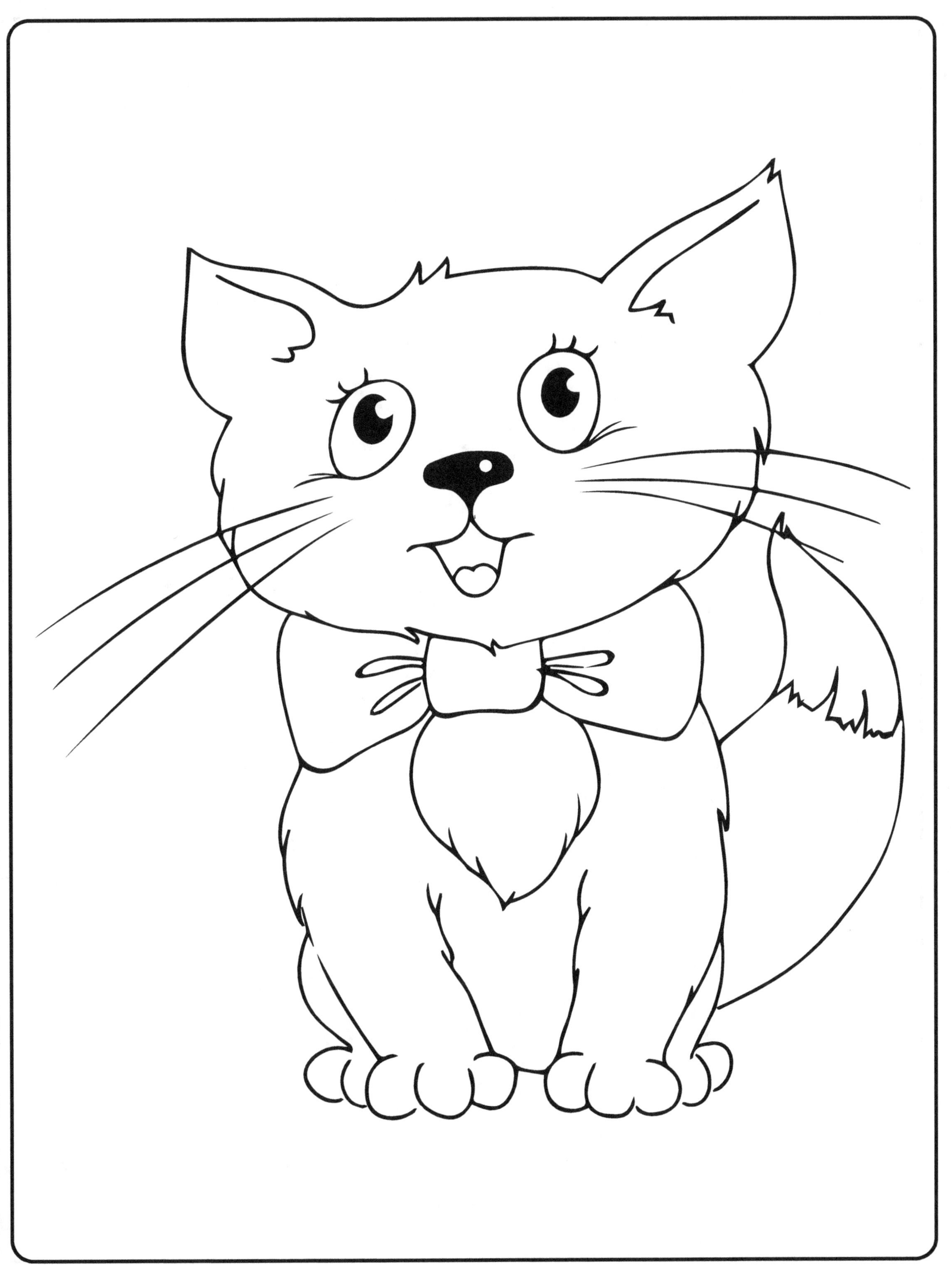

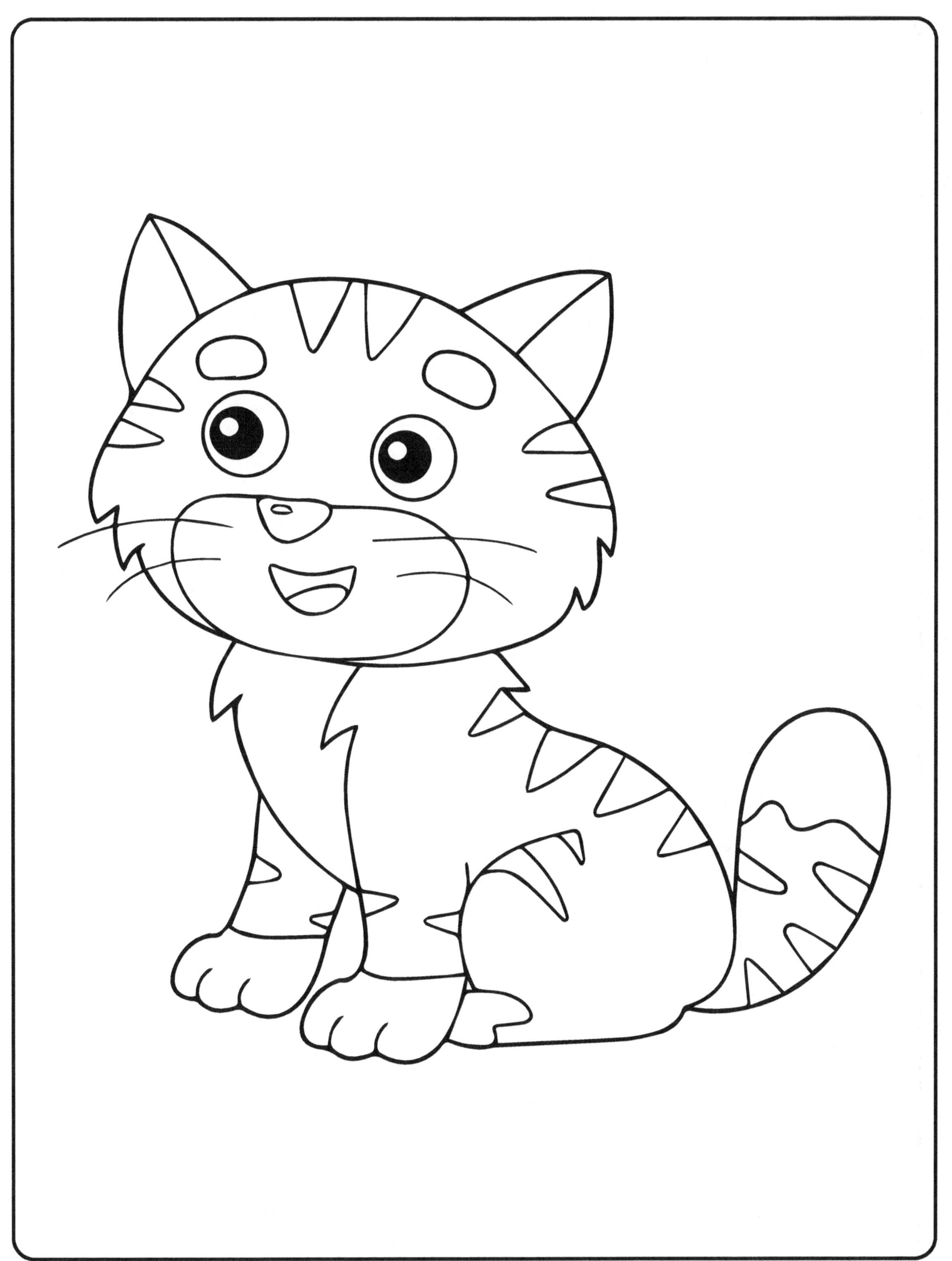

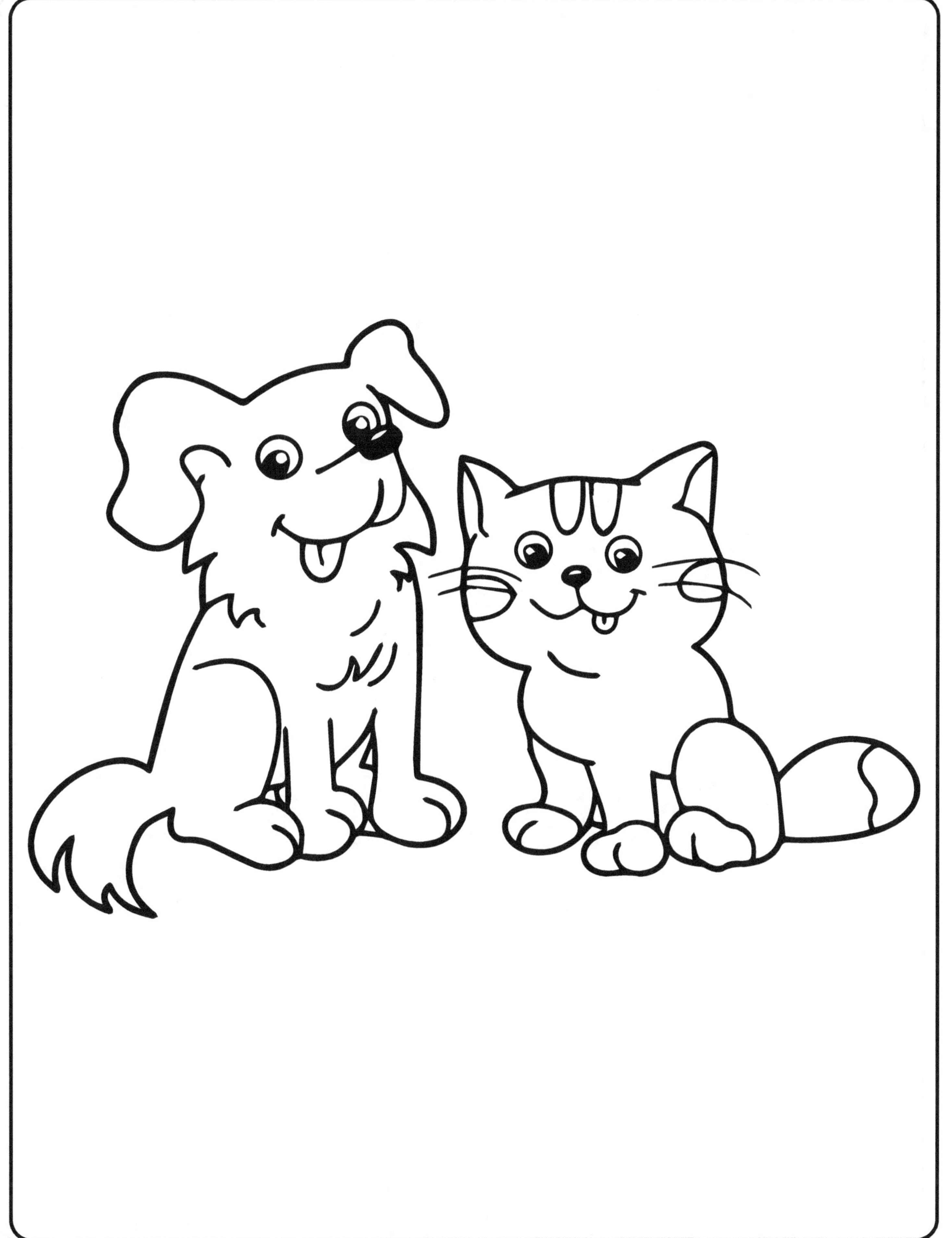

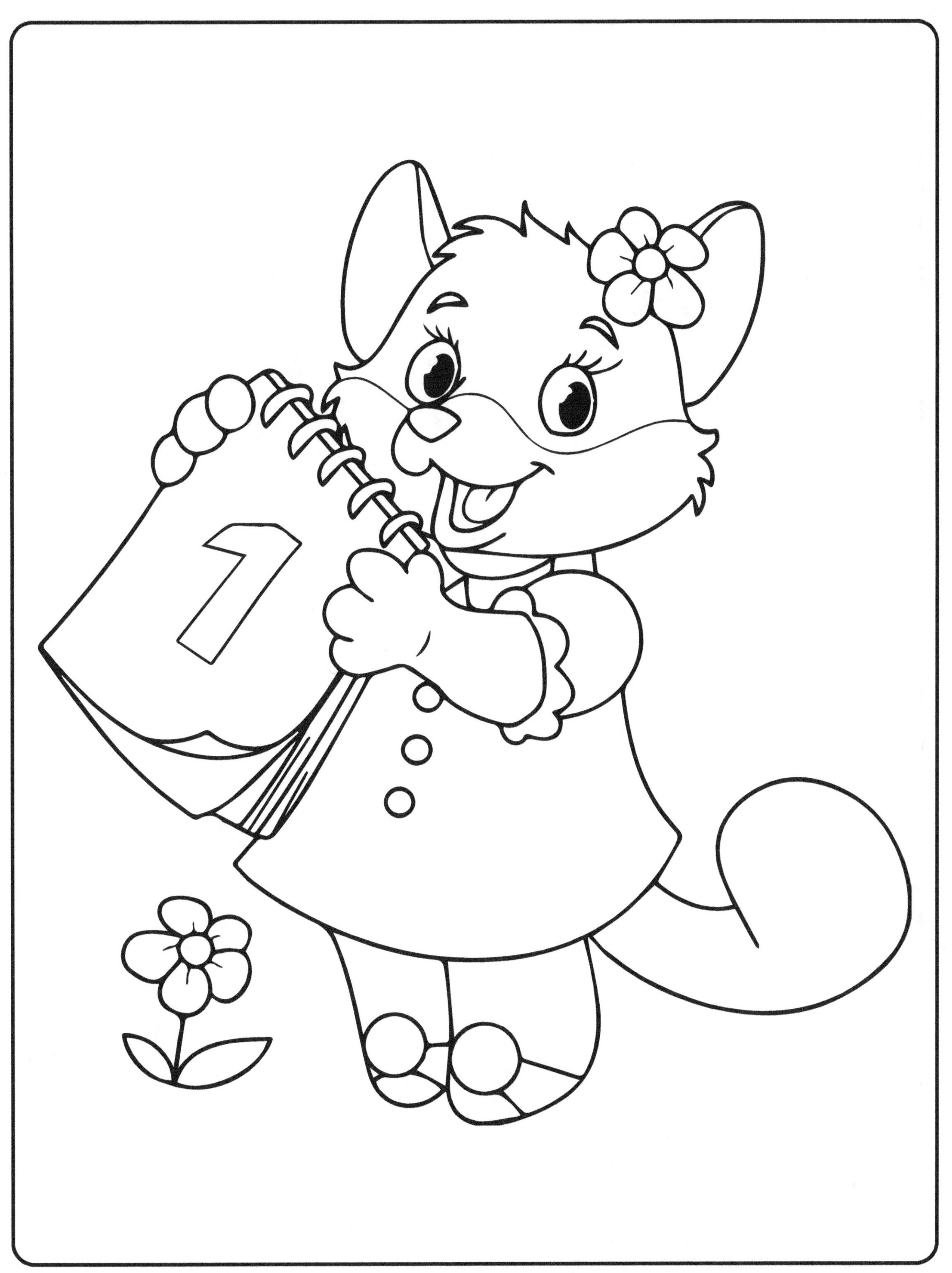

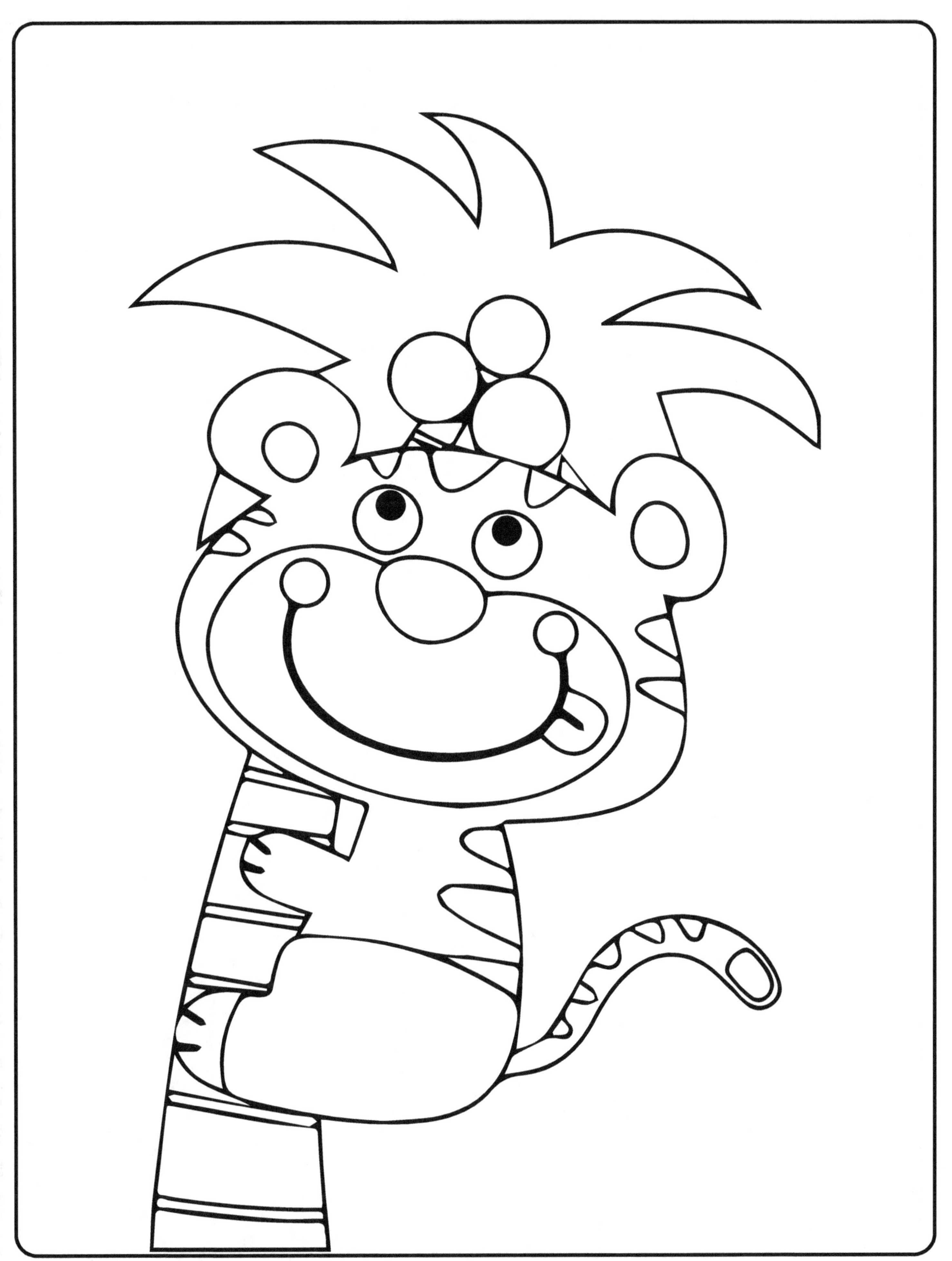

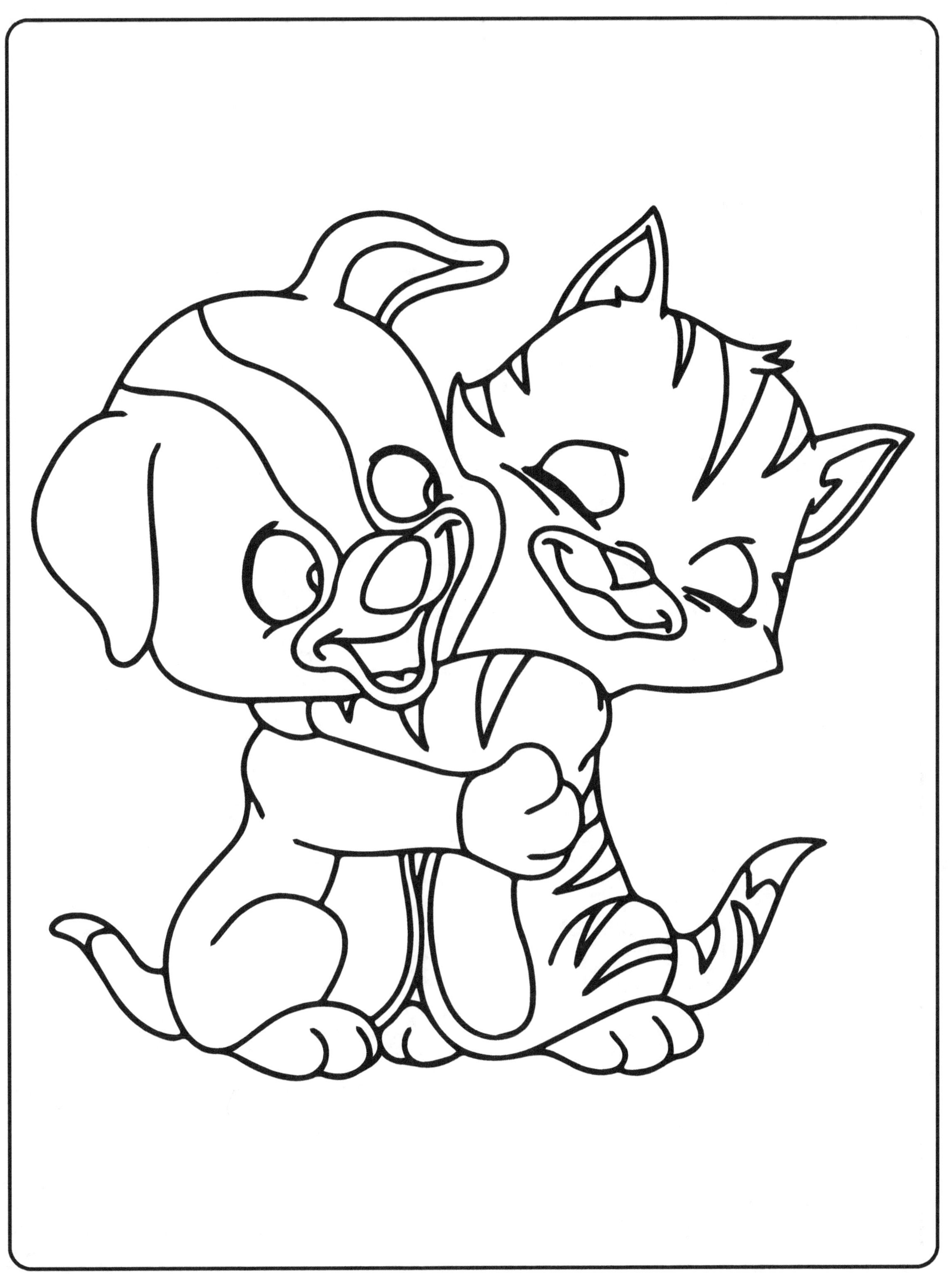

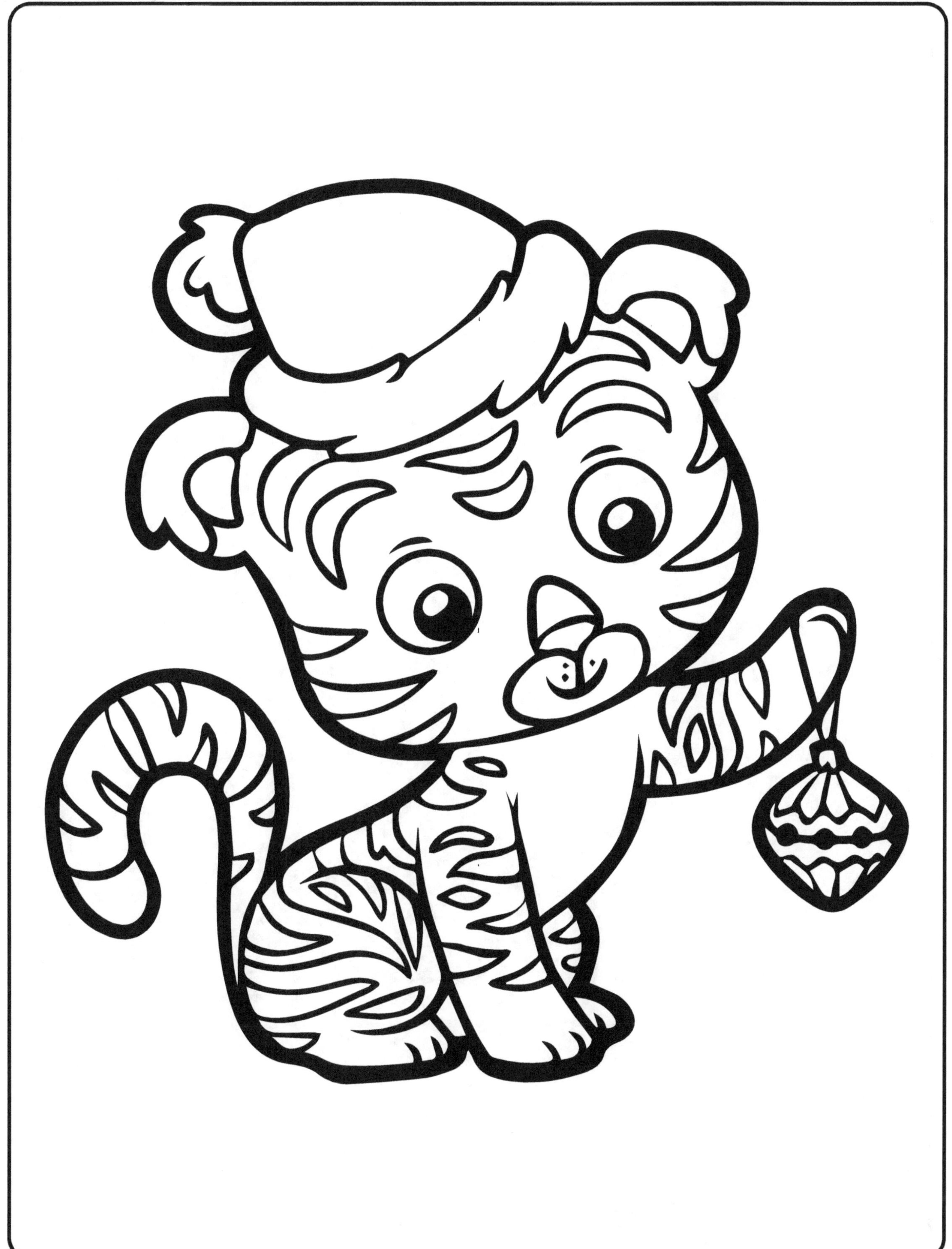

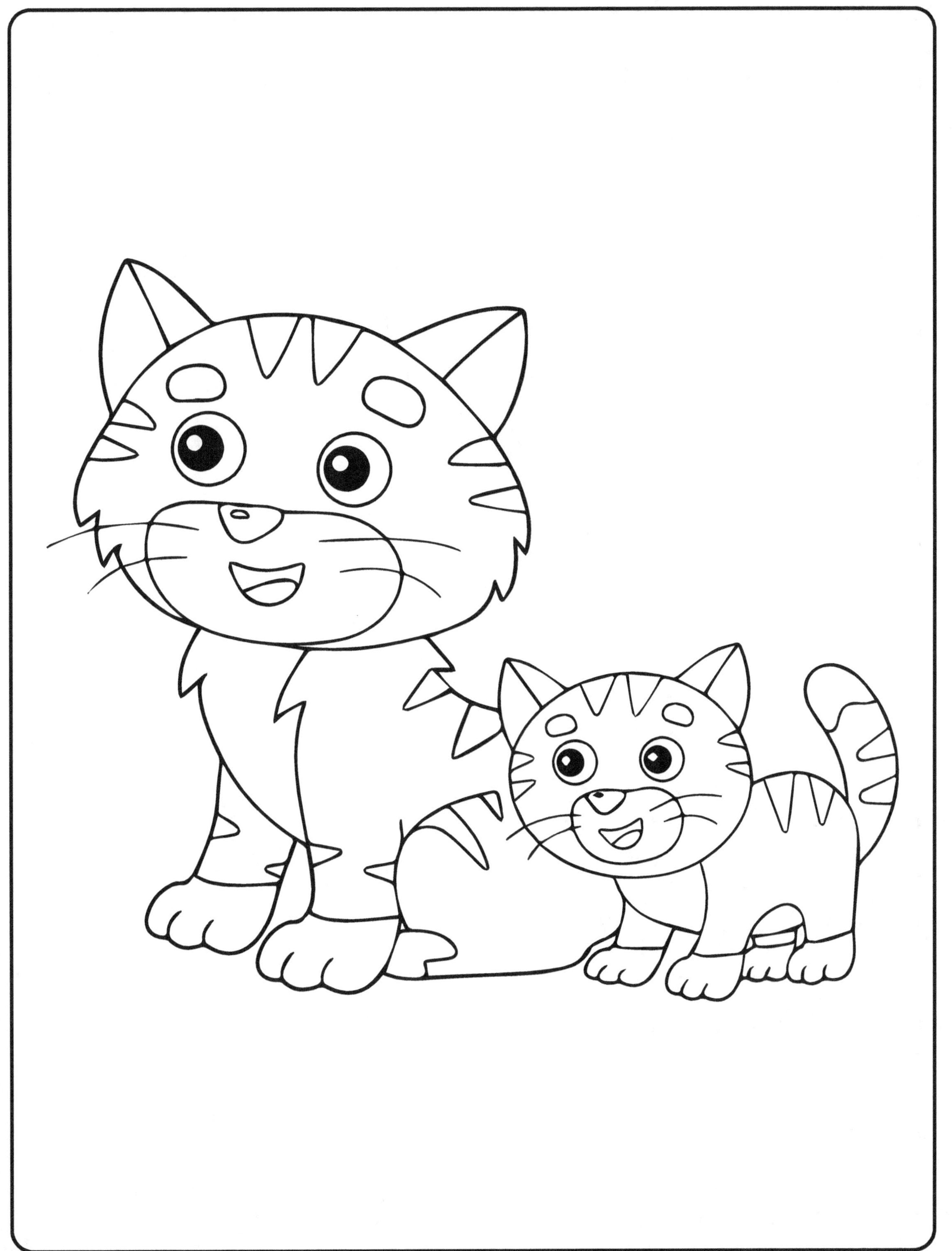

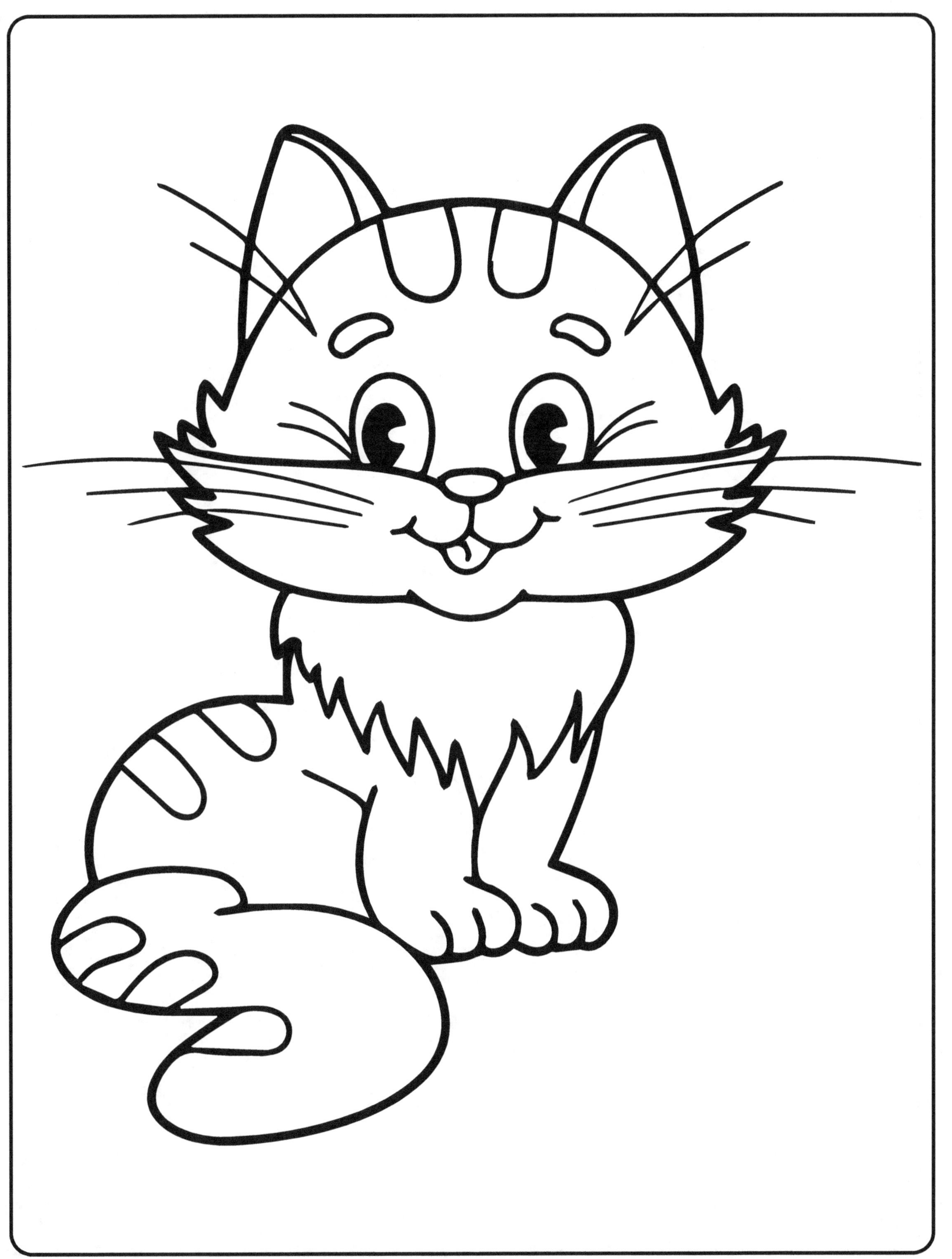

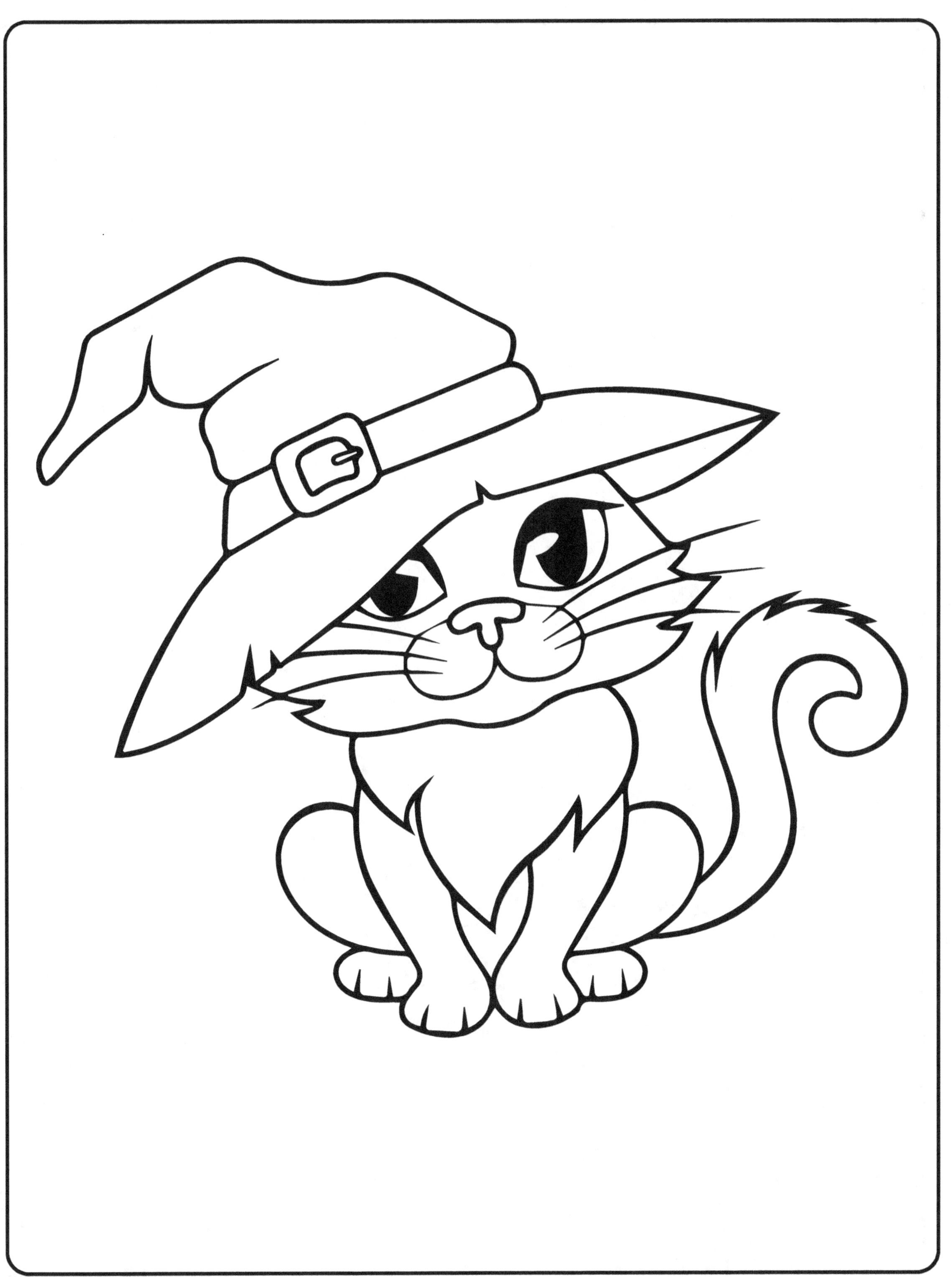

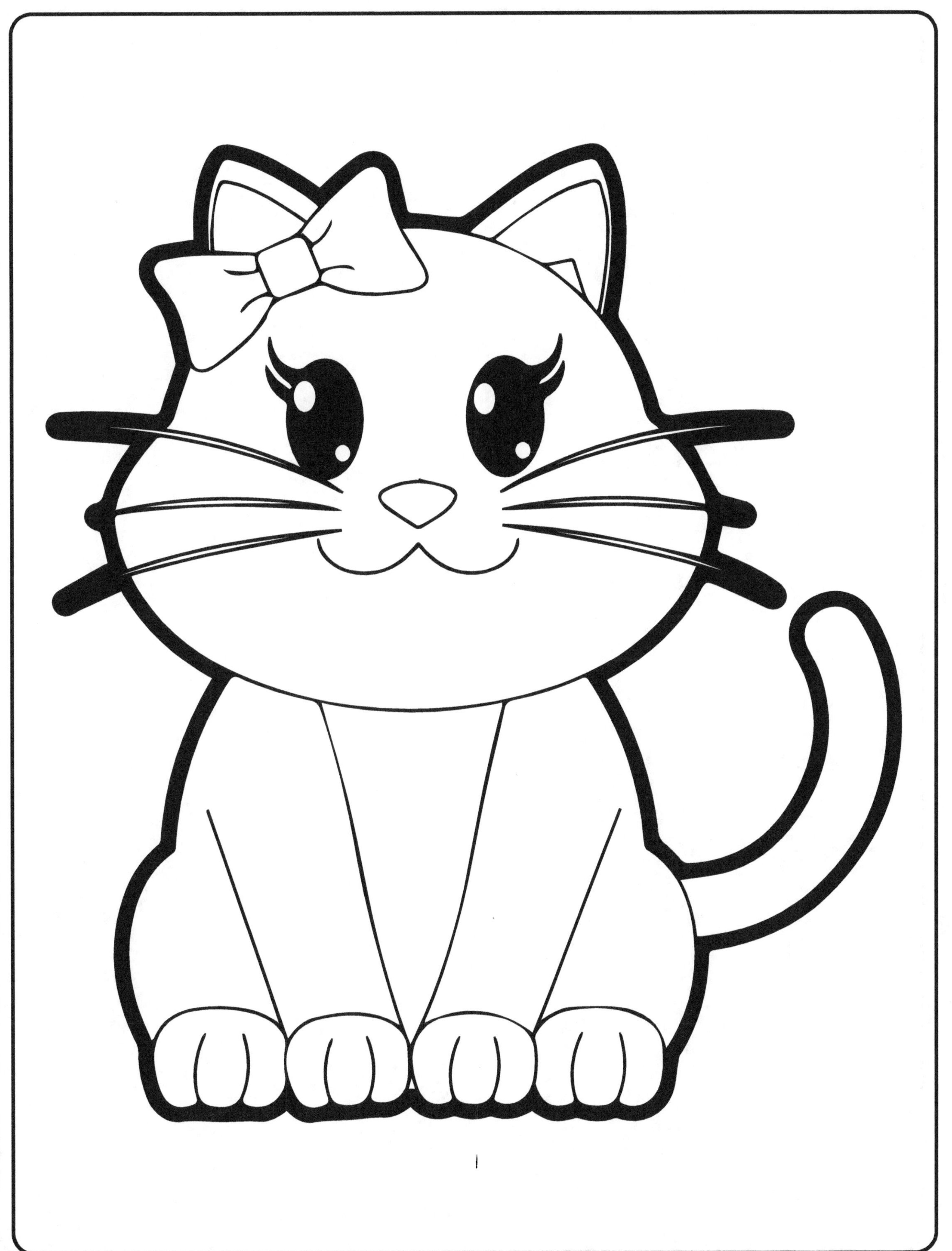

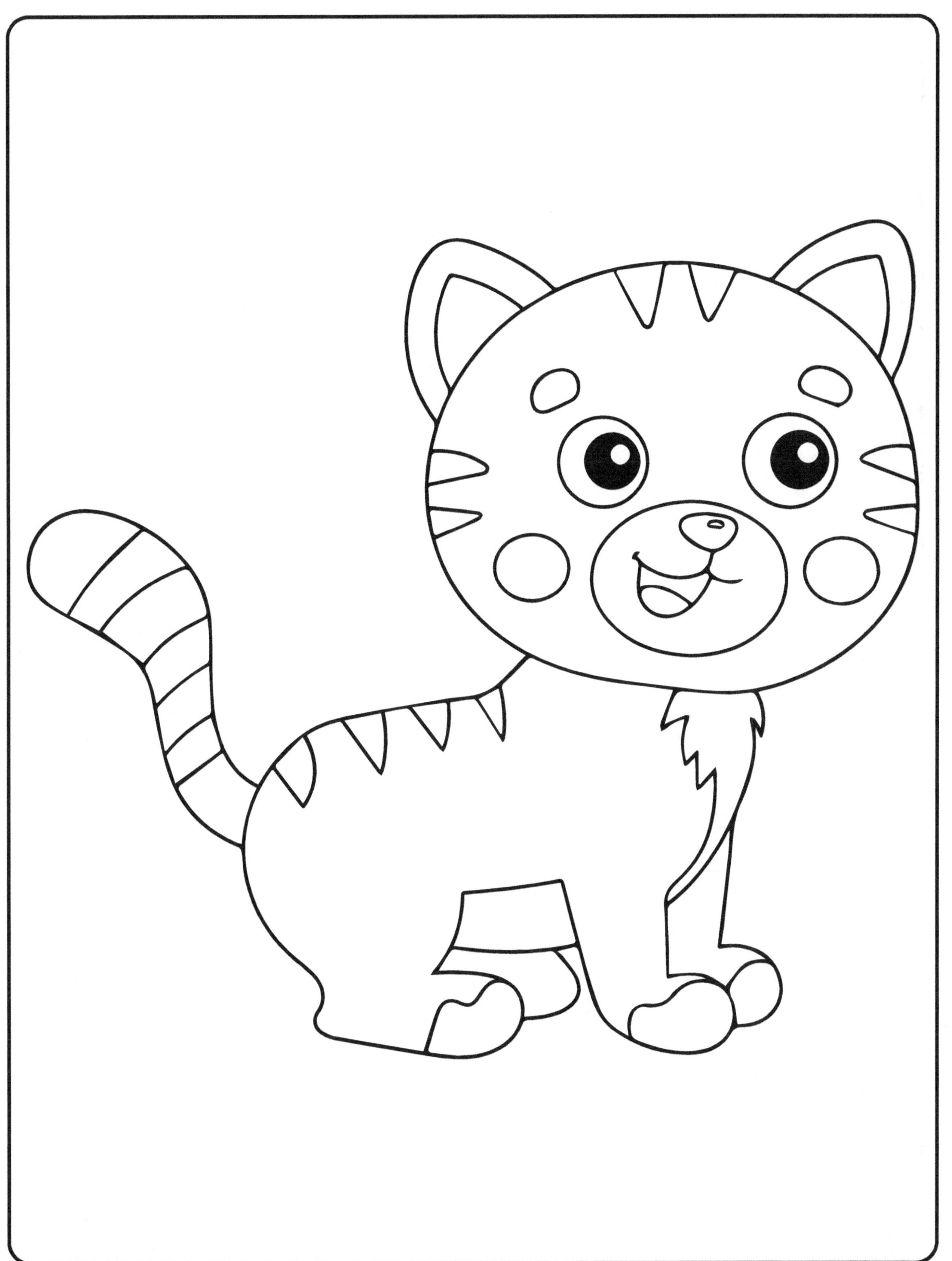

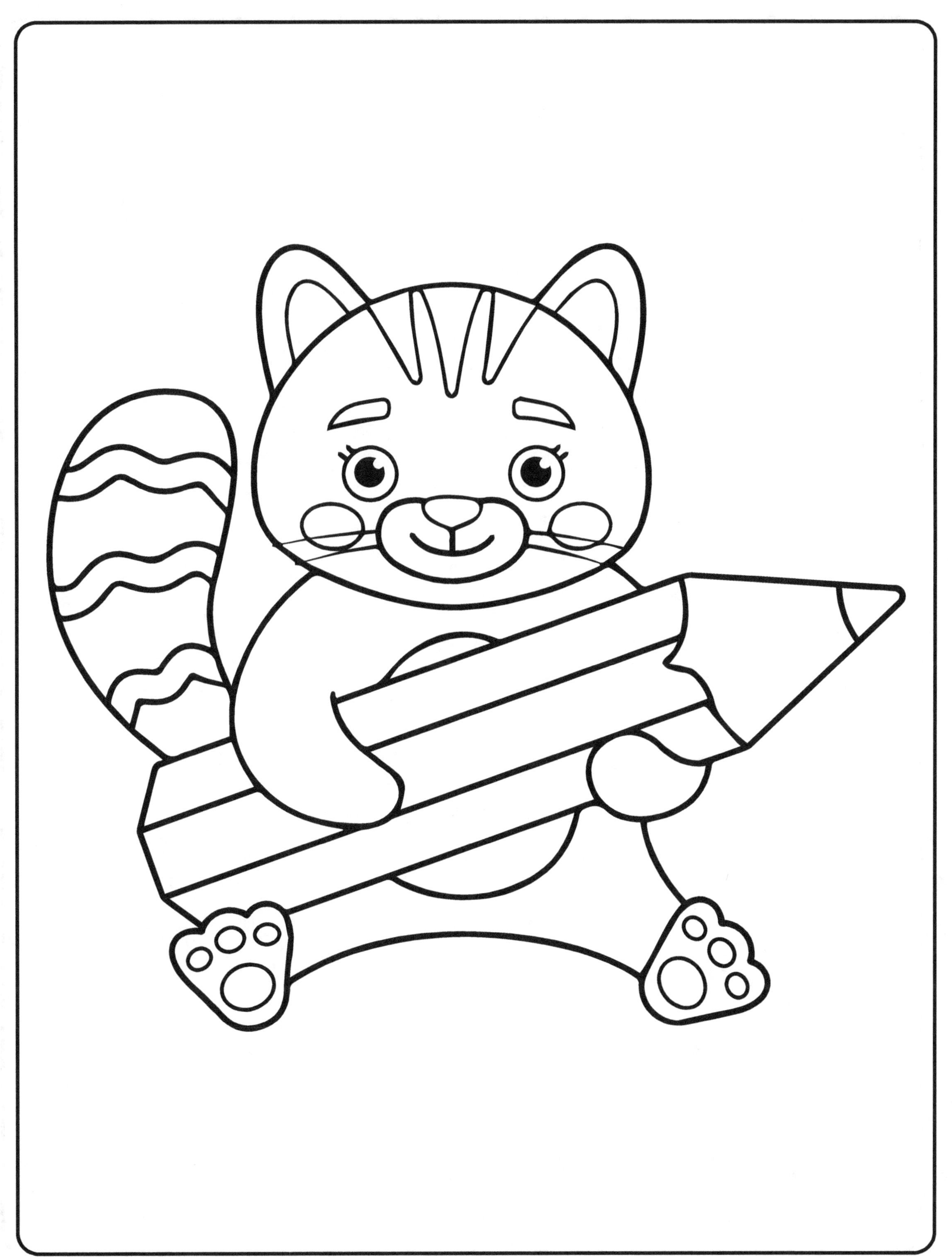

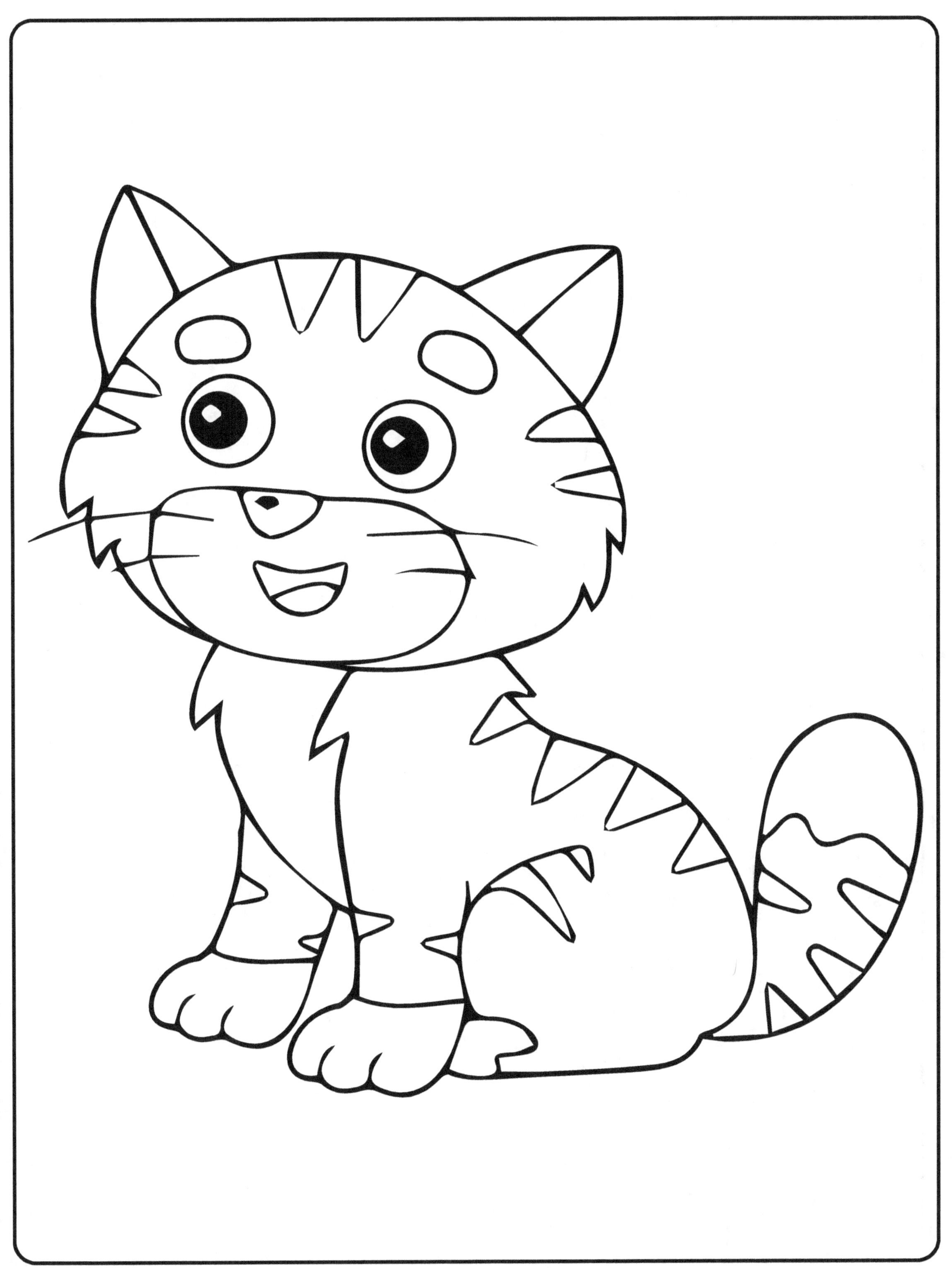

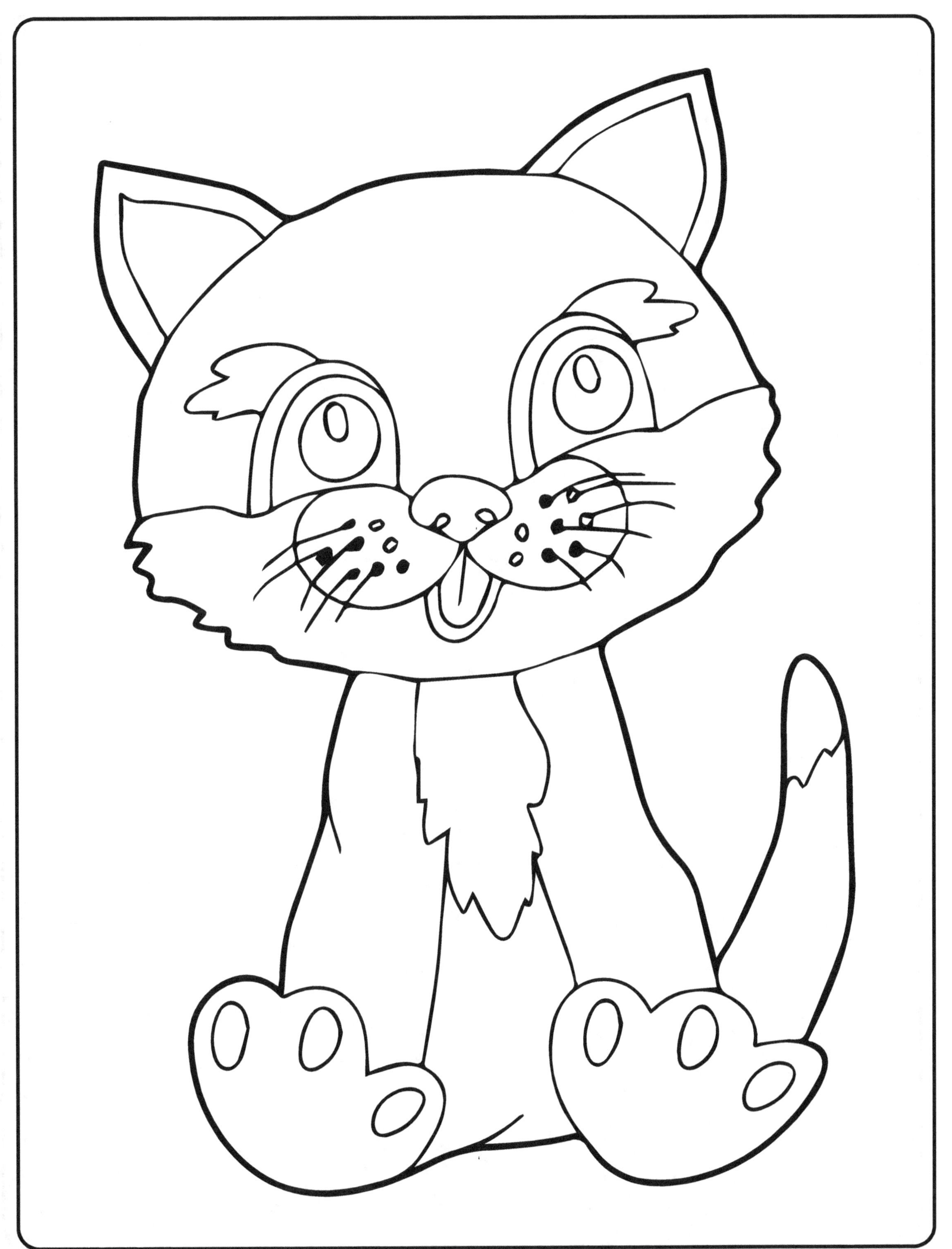

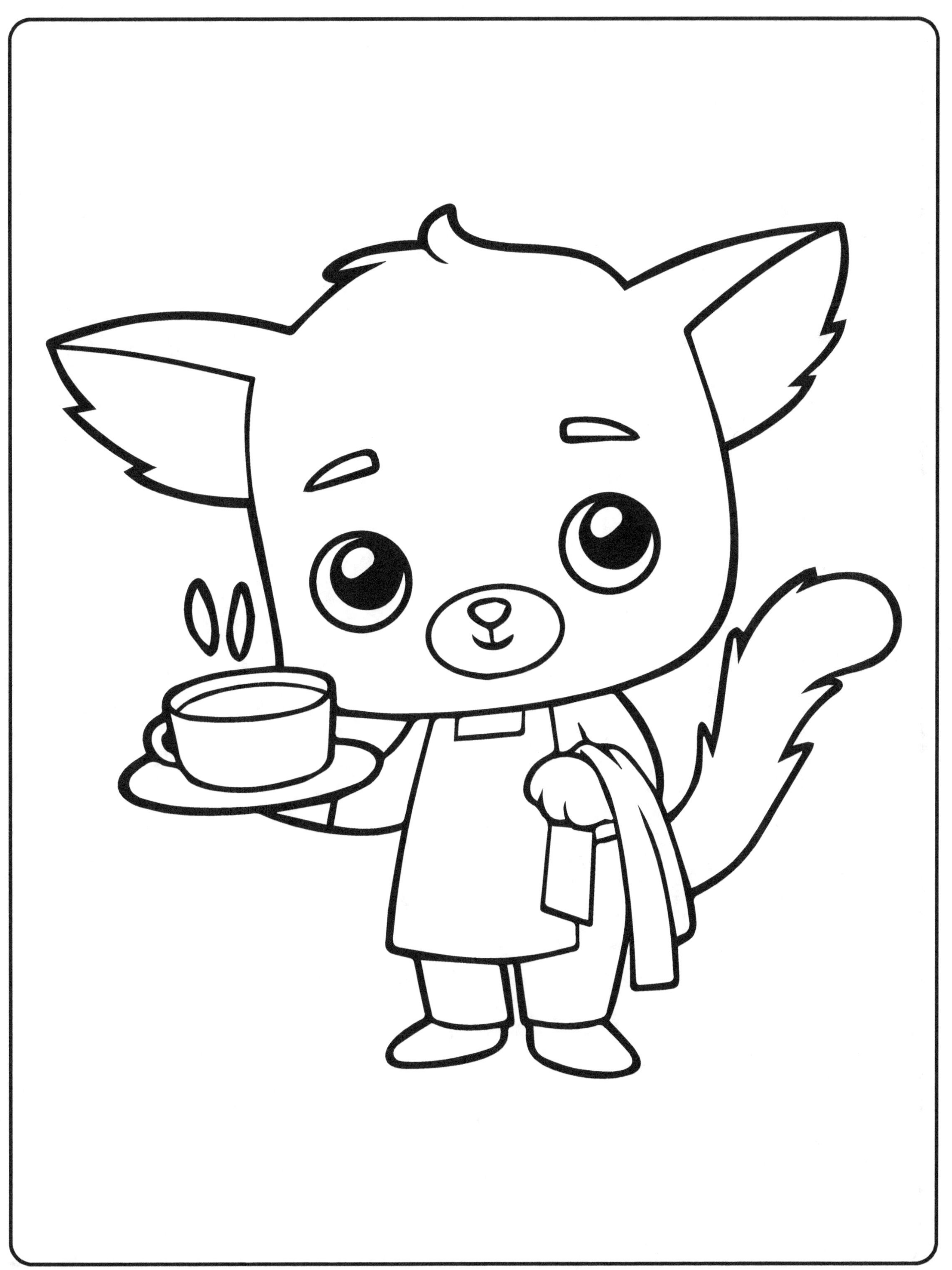

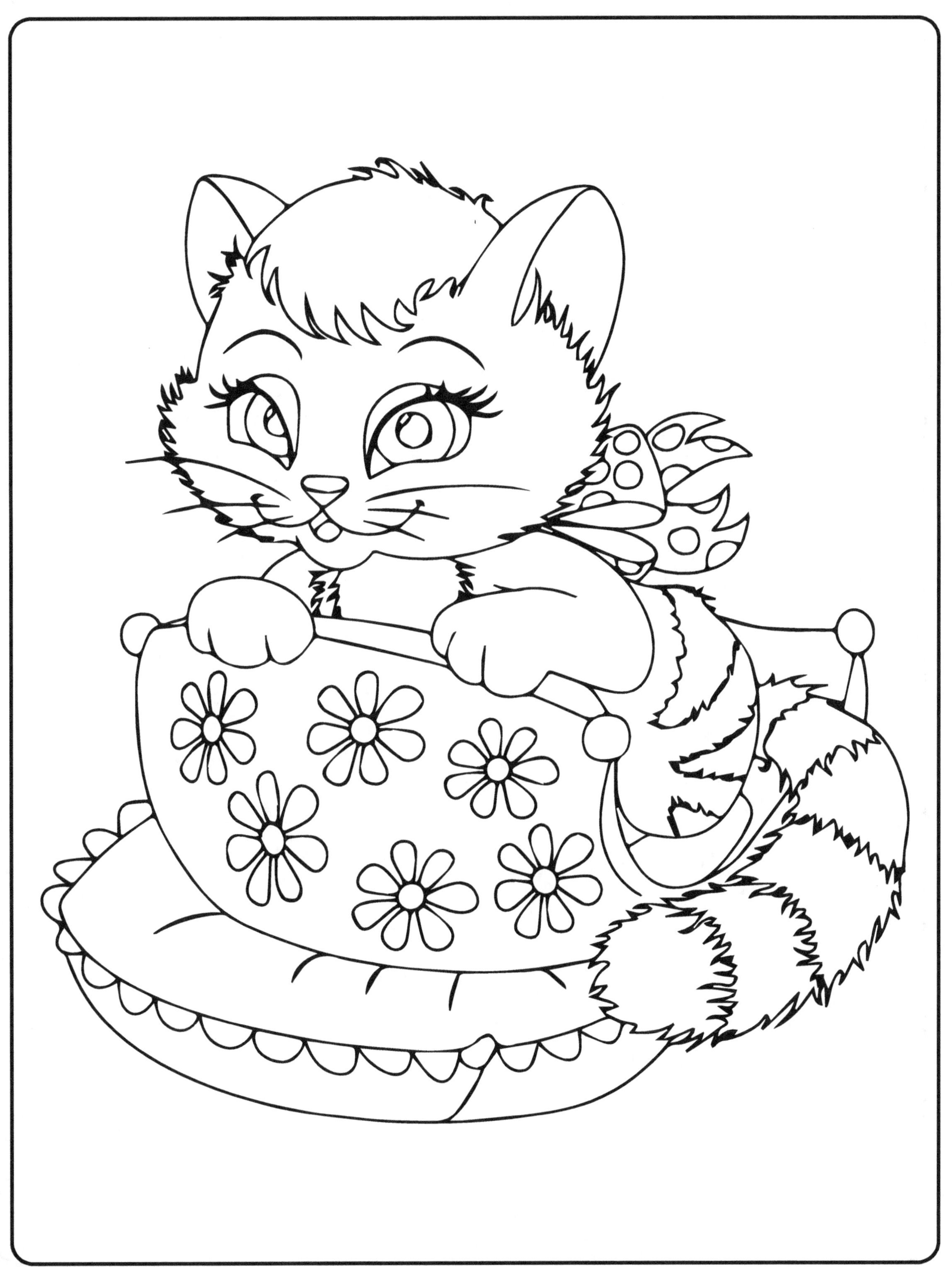

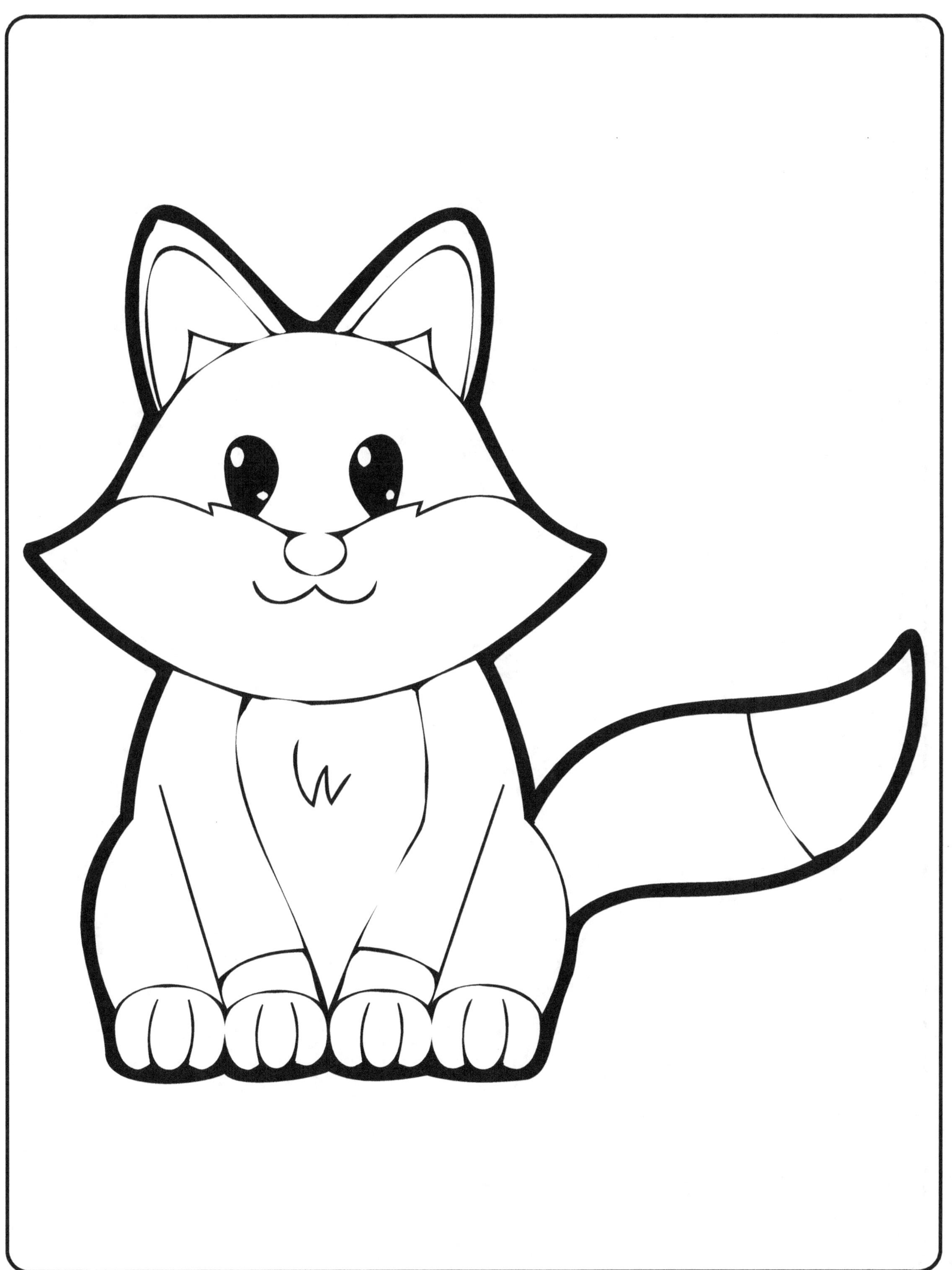

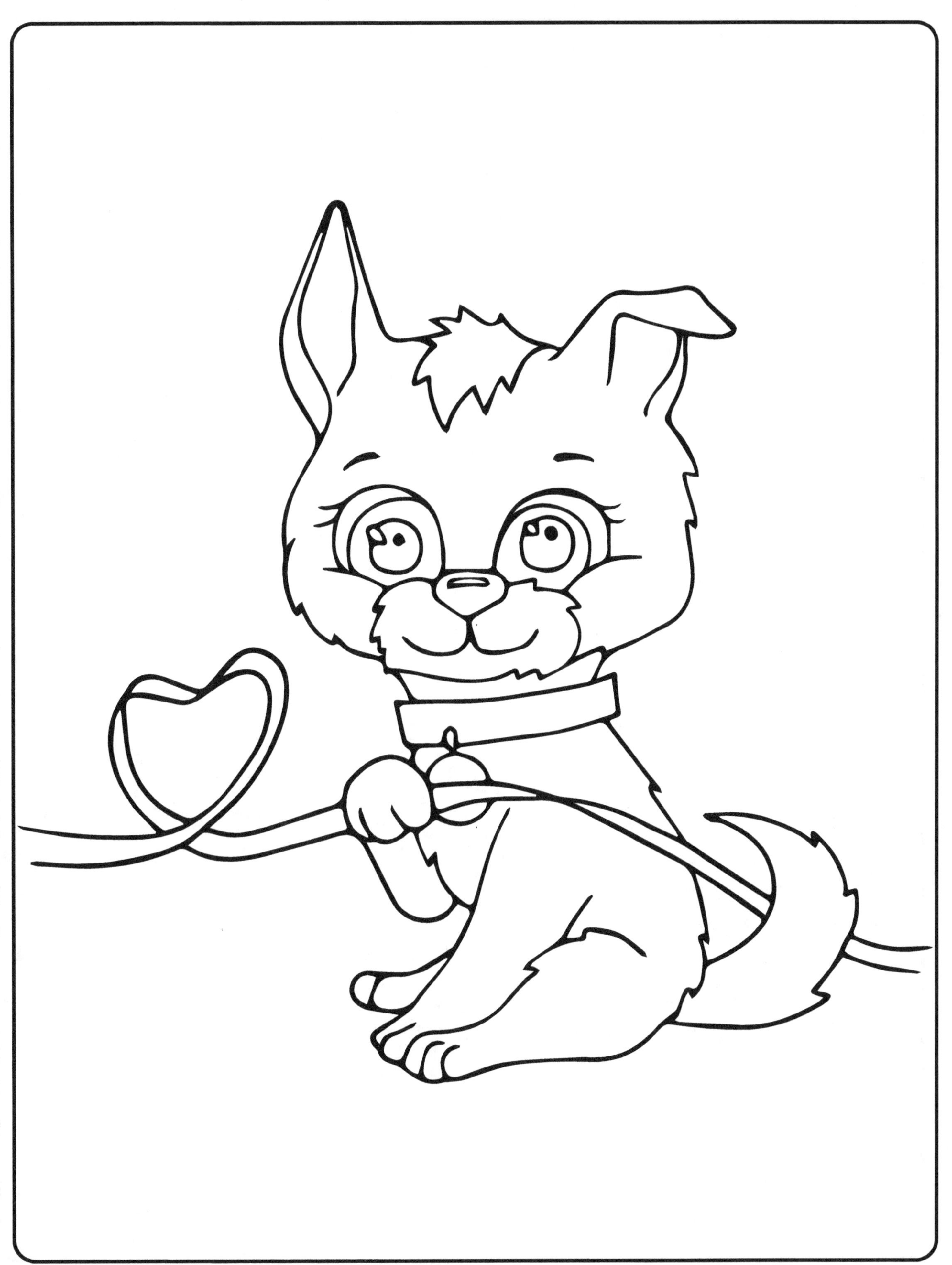

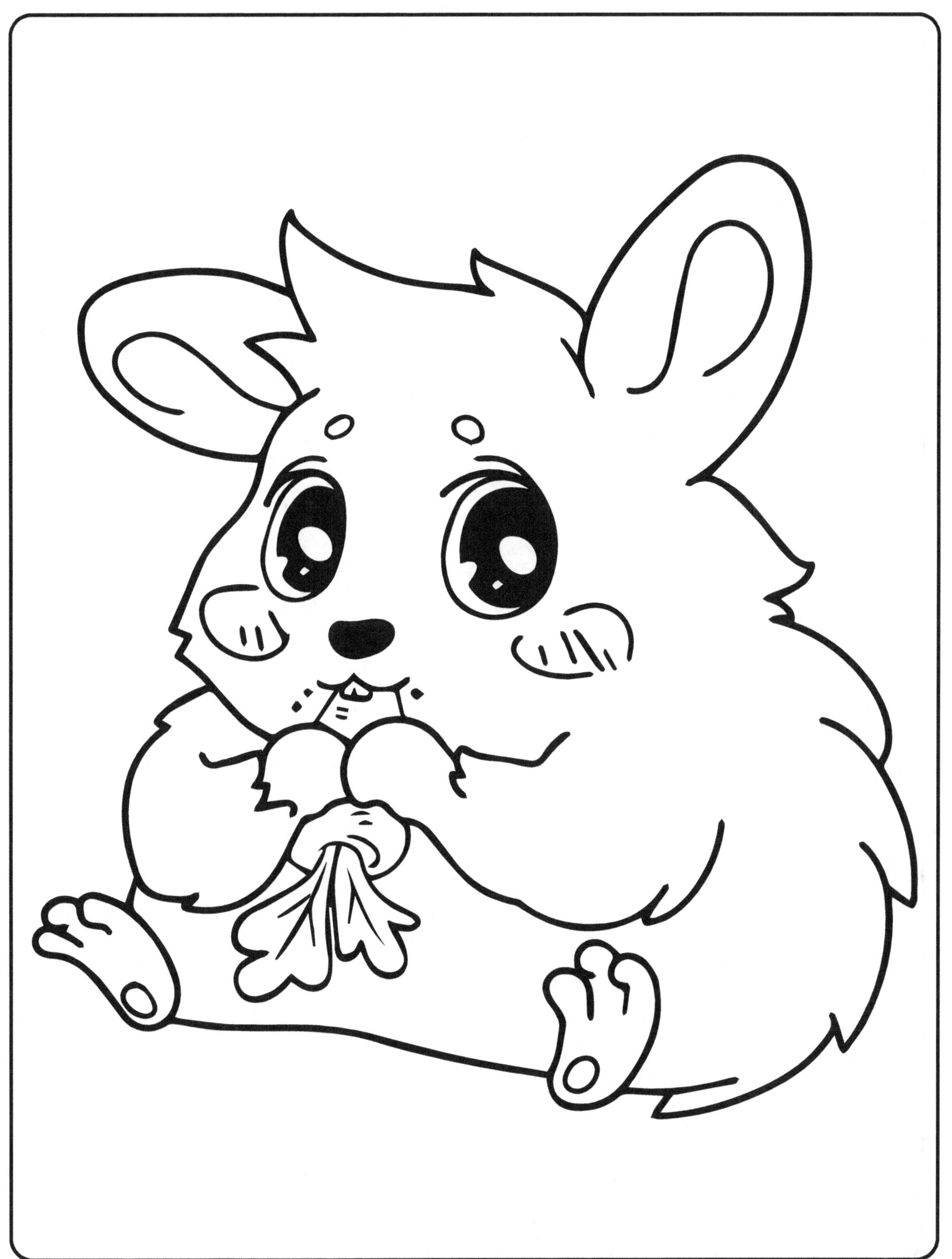

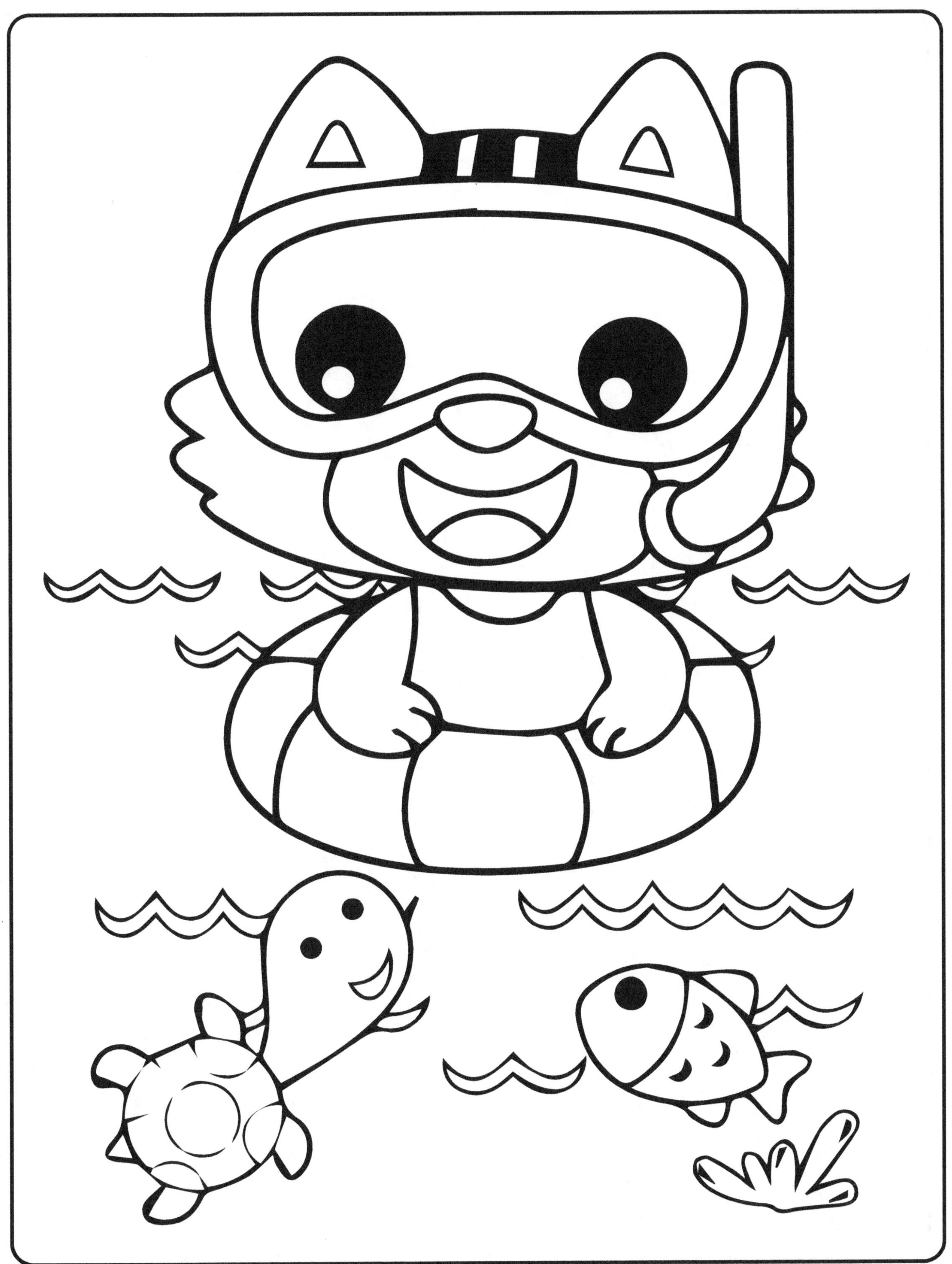

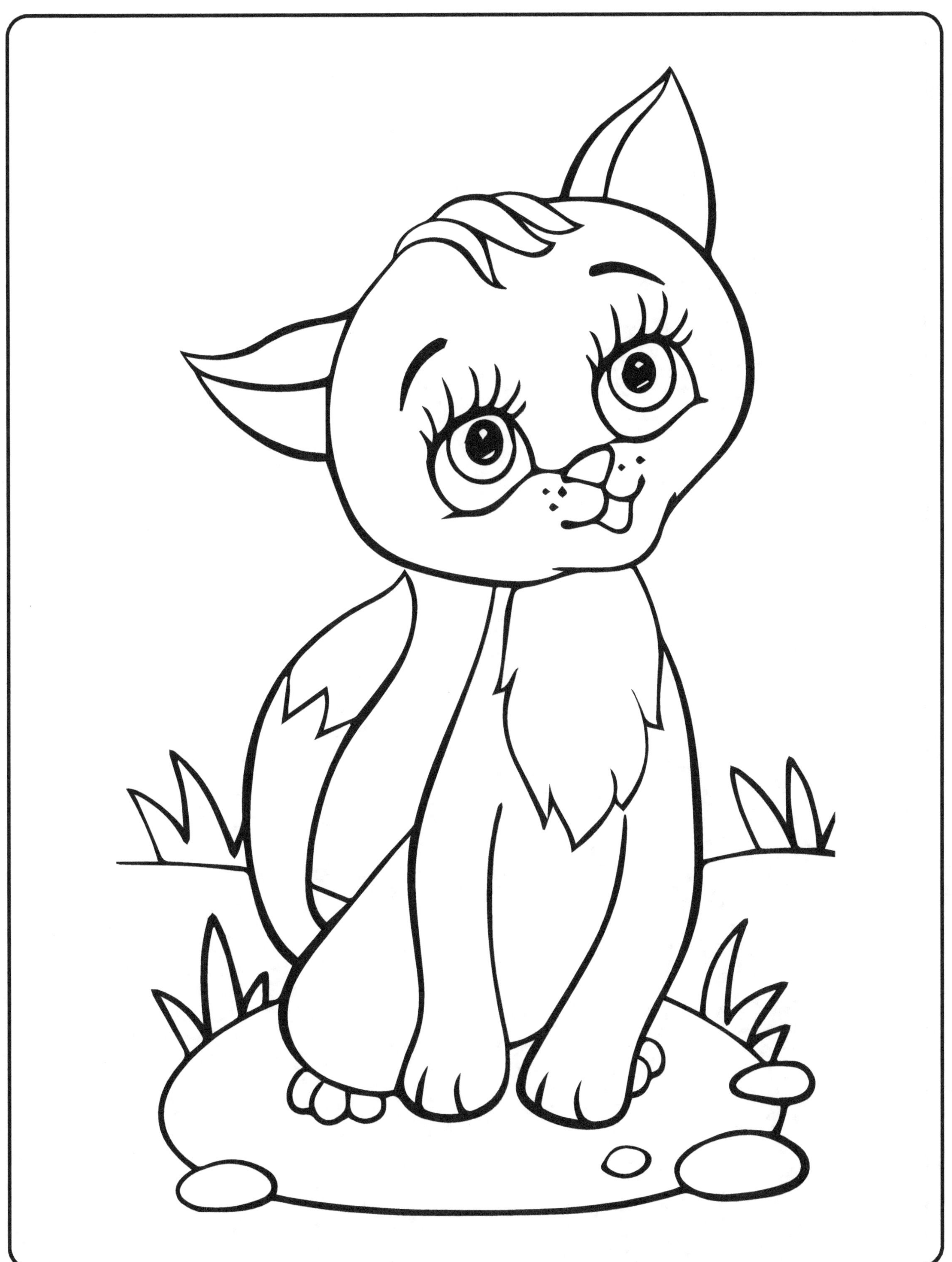

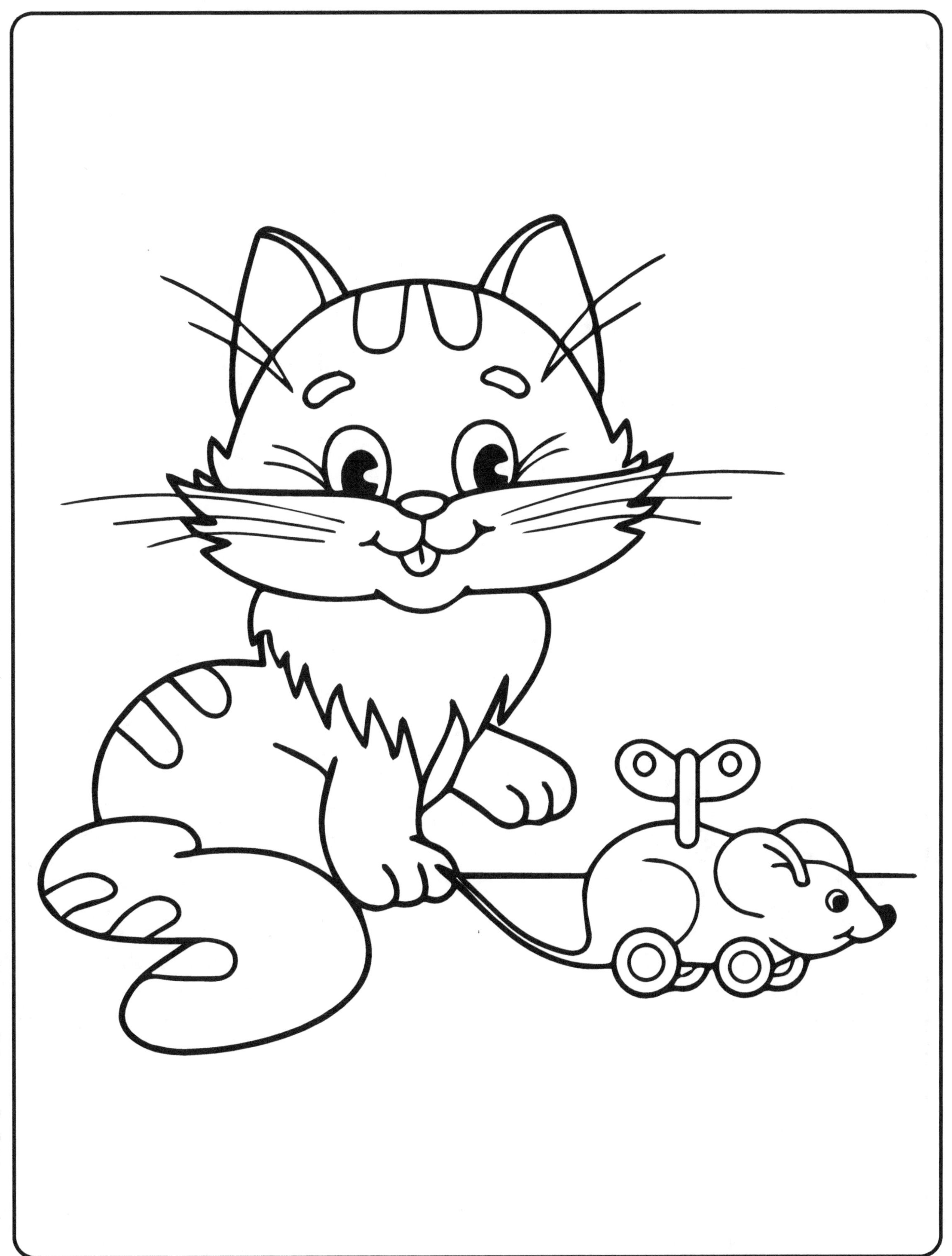

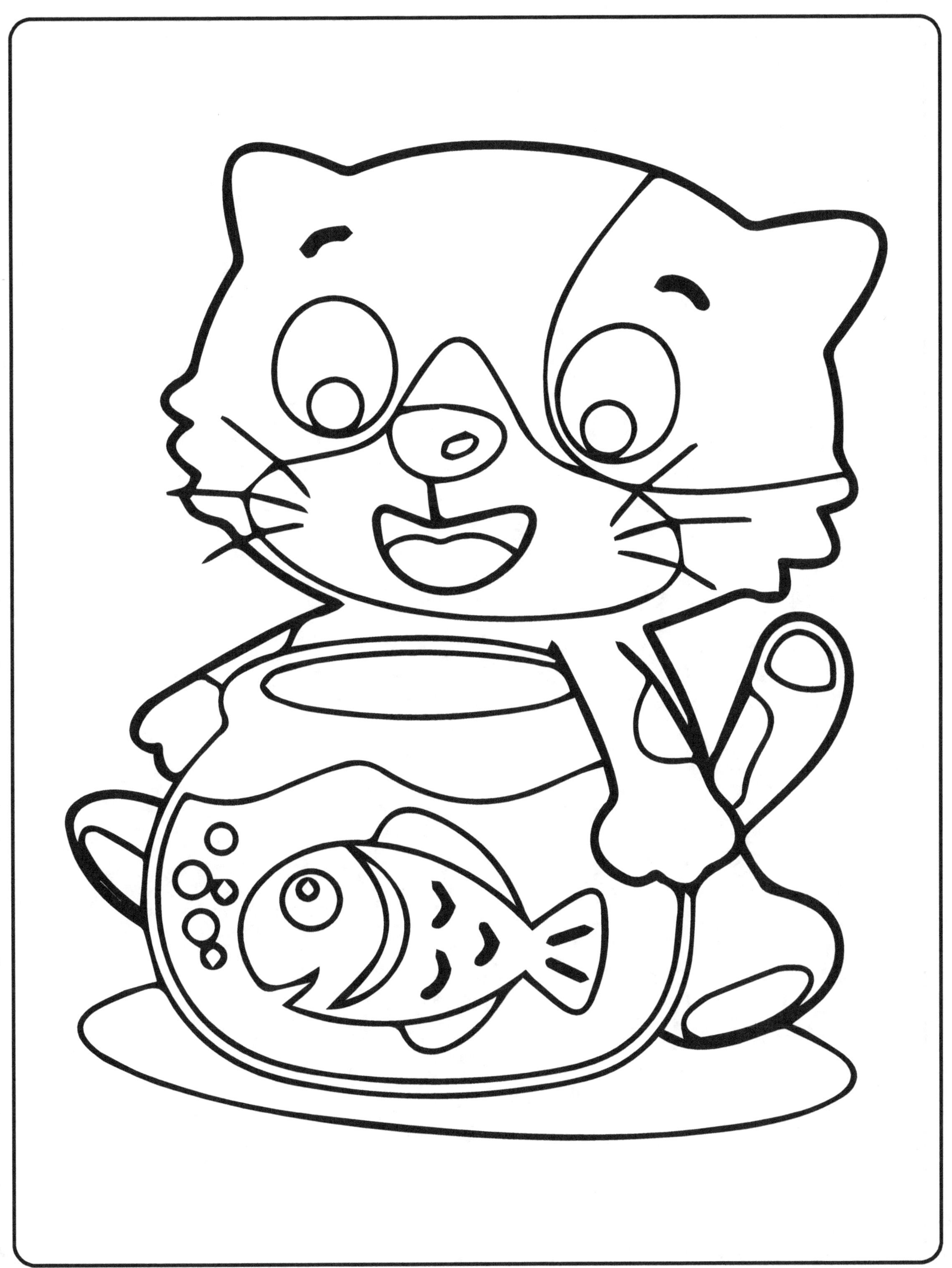

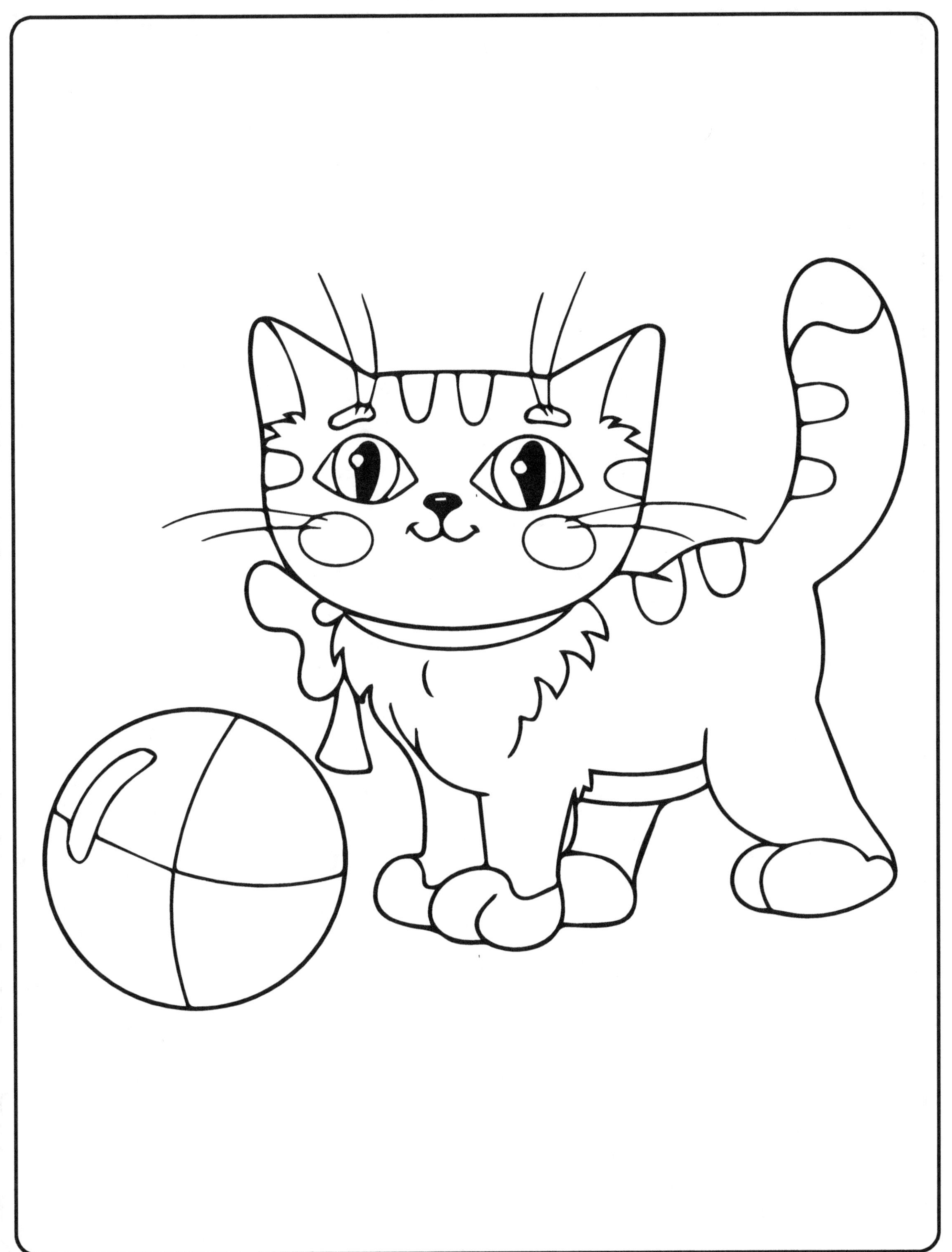

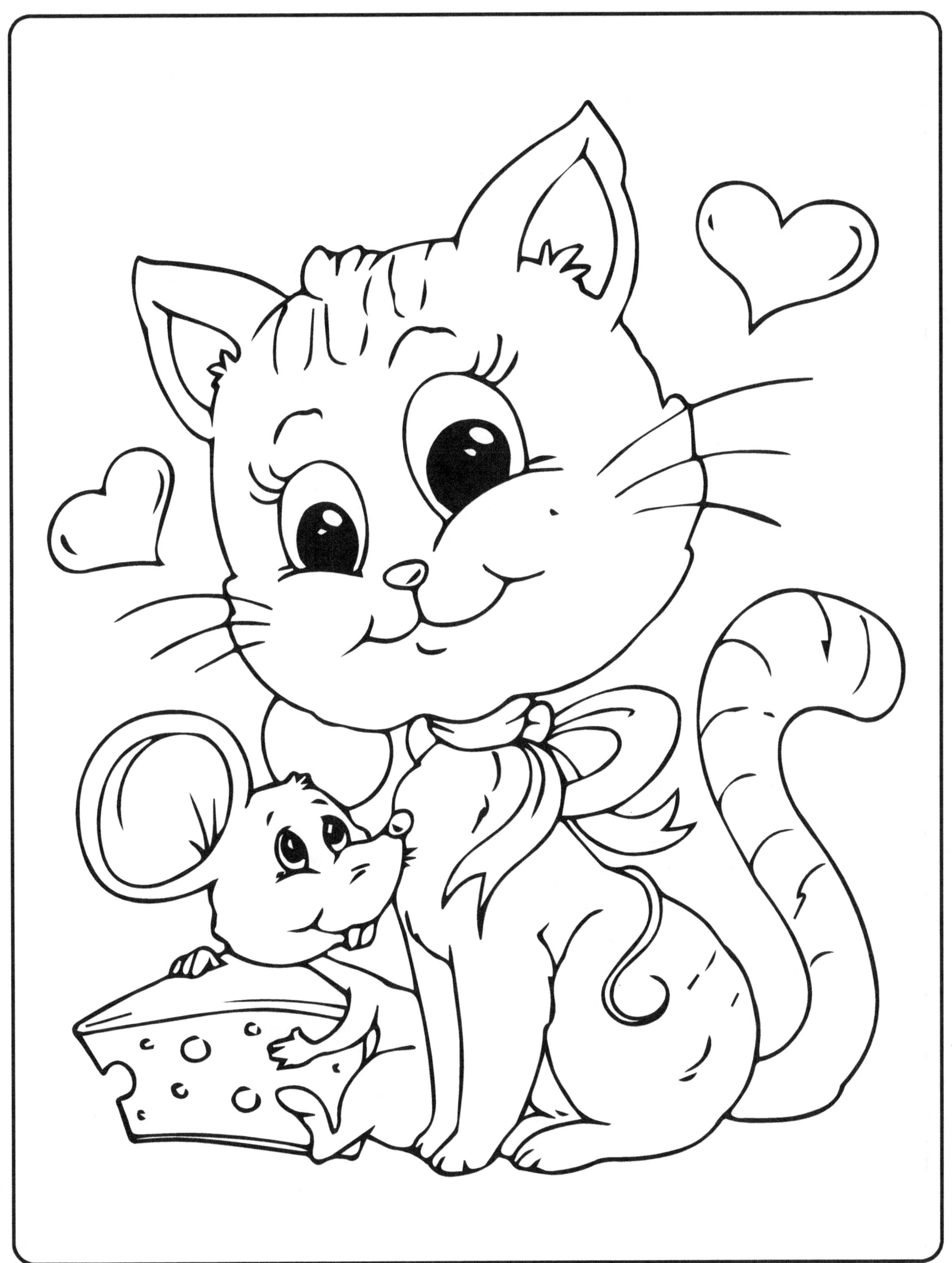

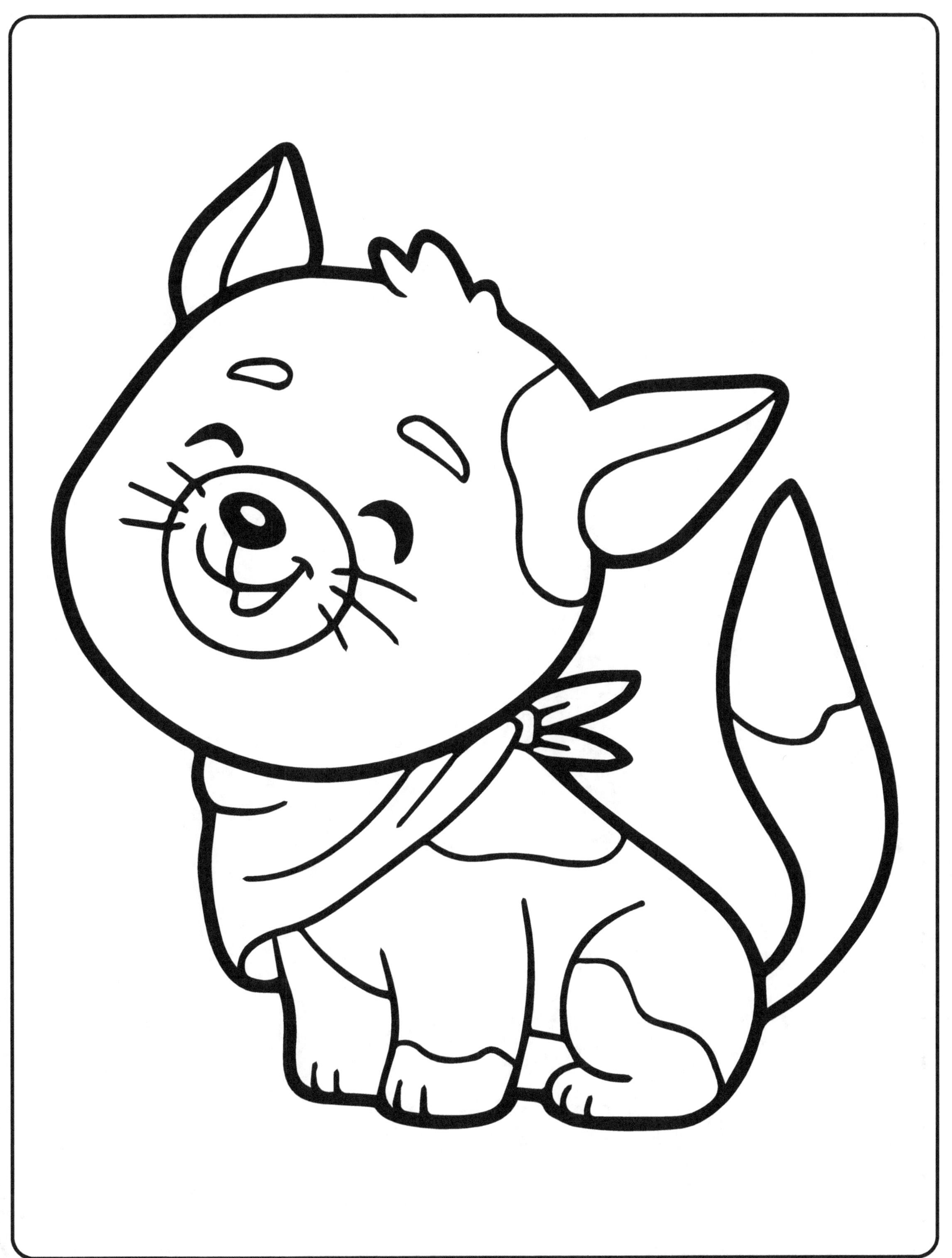

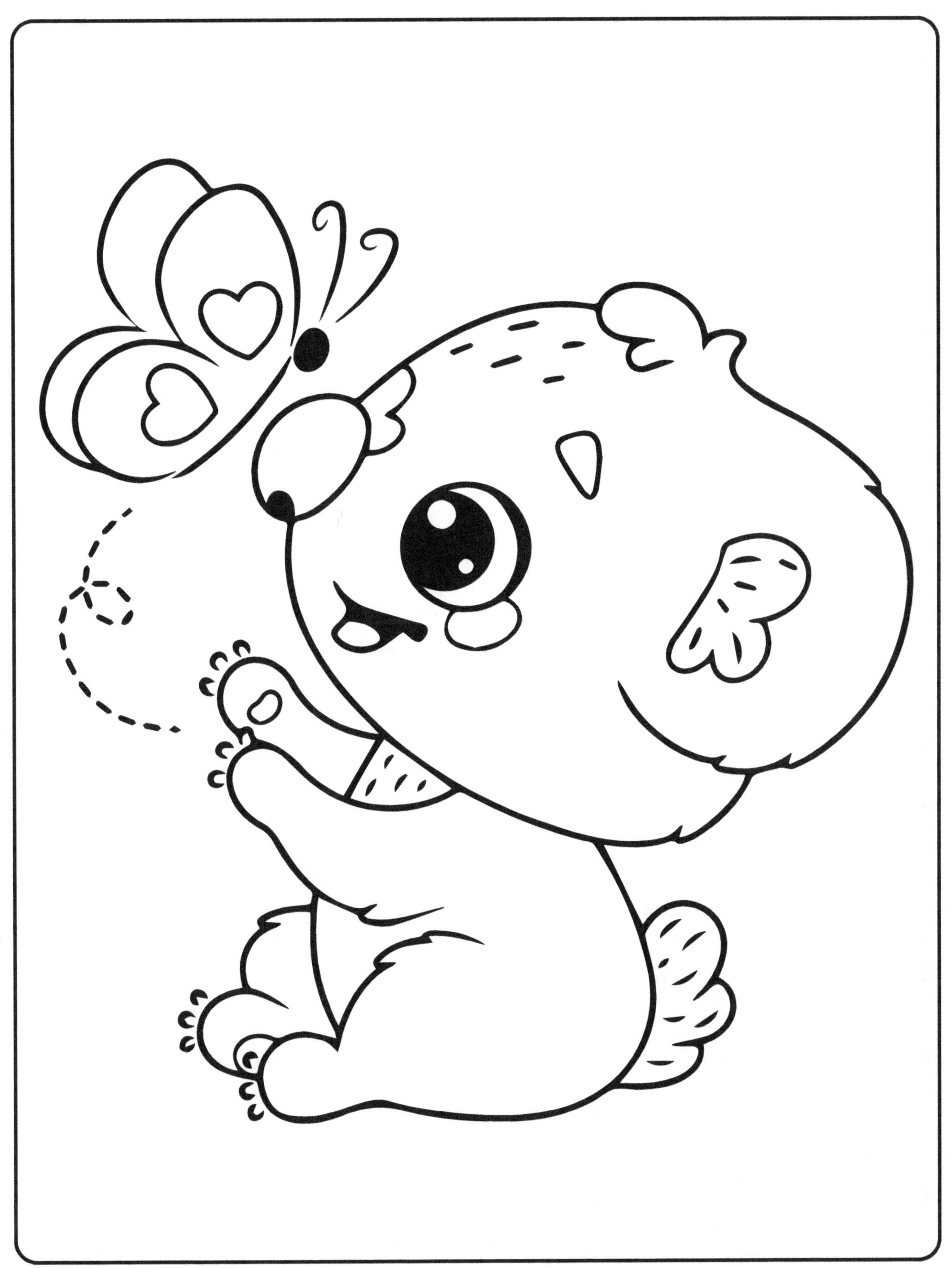

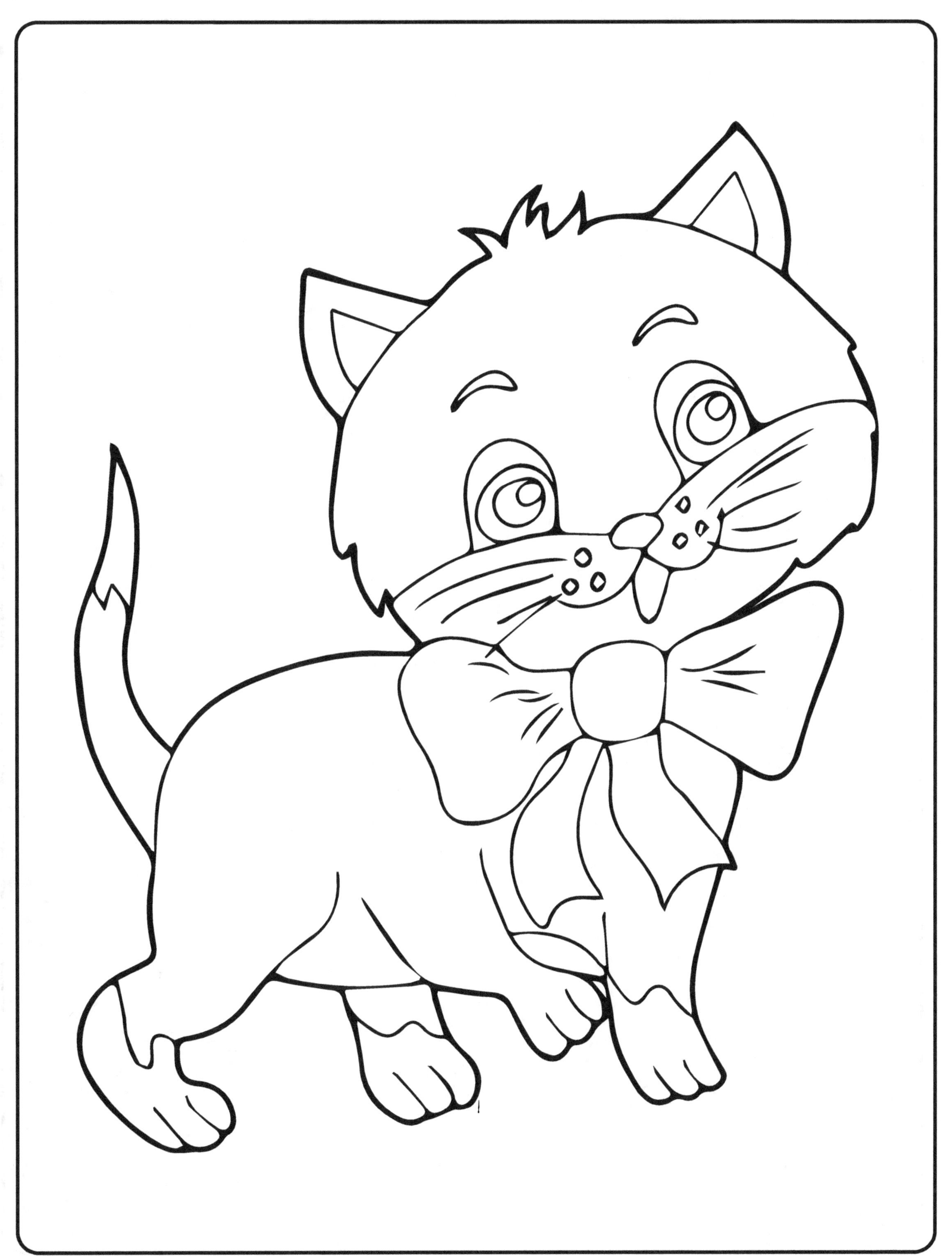